T0244450

PIDE MÁS

Alexandra Carter

PIDE MÁS

10 preguntas
para todo tipo
de negociaciones

OCEANO

Se han cambiado los nombres y algunos datos de identificación
de las personas a las que se hace referencia en este libro.

PIDE MÁS
10 preguntas para todo tipo de negociaciones

Título original: ASK FOR MORE. 10 Questions to Negotiate Anything

© 2020, ABC Resolutions, LLC

Publicado según acuerdo con el editor original, Simon & Schuster, Inc.,
a través de International Editors' Co.

Traducción: Aridela Trejo

Diseño de portada: Andrew Smith
Imagen de portada: © Getty Images

D.R. © 2021, Editorial Océano de México, S.A. de C.V.
Guillermo Barroso 17-5, Col. Industrial Las Armas
Tlalnepantla de Baz, 54080, Estado de México
info@oceano.com.mx

Primera edición: 2021

ISBN: 978-607-557-365-6

Impreso en México / Printed in Mexico

Para Greg y Caroline,
no podría pedir más

Índice

SEGUNDA PARTE
La ventana

INTRODUCCIÓN

Nuestro mundo cobra sentido con el valor de nuestras
preguntas y la profundidad de nuestras respuestas.[1]

—CARL SAGAN

¿Por qué te llamó la atención este libro?

Tal vez quieras negociar más o sentirte más cómodo haciéndolo. Quizá quieras negociar un ascenso o un aumento de sueldo, o las dos cosas. Igual quieres sentirte cómodo pidiendo lo que vales.

Tal vez eres emprendedor y quieres ampliar tu negocio. Te gustaría tener más clientes leales y obtener mejores resultados de tus tratos. O estás contemplando un cambio de carrera y quieres encontrar tu pasión.

A lo mejor el motivo por el que te llamó la atención este libro no tiene nada que ver con el trabajo. Has estado en conflicto con alguien y está consumiendo tu energía mental. Quisieras explicarte mejor en tus relaciones personales.

Sin importar lo que busques, tienes en tus manos una herramienta para abrirte camino: diez preguntas que te ayudarán a negociar lo que quieras.

Quizá parezca contraproducente aprender a negociar formulando preguntas. Hace veinte años, antes de que estudiara resolución de conflictos, creía que negociar implicaba dominar o exigir. Pero dos décadas después, he aprendido algo extraordinariamente sencillo tras haber resuelto cientos de conflictos en mi papel de mediadora cualificada: cuando negocias, los resultados son mejores si preguntas en vez de discutir.

Cuando formulas las preguntas adecuadas, acerca de ti mismo y los demás, abres una ventana para obtener resultados que superan tus expectativas. Abordar tus negociaciones con preguntas no sólo es útil en este sentido, también te acerca a los demás, brinda la posibilidad de transformar las relaciones personales y profesionales.

Cuando cambias las preguntas, cambias la conversación. En este libro, debatiremos el poder de las preguntas abiertas. Una pregunta abierta puede ser tu nueva herramienta de negociación para desbloquear tratos y posibilidades.

"Pedir más" también implica negociar desde el principio contigo mismo. En cualquier situación, la primera negociación ocurre contigo mismo. Si empiezas a formularte preguntas, antes de reunirte con tu contraparte, estarás más preparado para el proceso de negociación, lo disfrutarás y obtendrás más. Repasaremos esas preguntas que deberás formularte para llegar a cualquier negociación con confianza.

Por último, este libro te hará ver la negociación con otros ojos. ¿Alguna vez has leído un libro sobre negociación y has pensado: "ese no soy yo"? Reconsidera. Te daré una nueva definición de qué es negociar, descontextualizada de las salas de juntas corporativas y las reuniones de políticos, la aterrizo en la vida cotidiana: en donde trabajamos, vivimos y soñamos. Esta definición se centra más en escuchar que en actuar. Te permite ser tú mismo y obtener mayor provecho de cualquier interacción. Te lleva más allá de un apretón de manos y contribuye a que, de aquí en adelante, tus beneficios se multipliquen.

Cuando negocies, pregunta

Con frecuencia nos enseñan que negociar supone hablar, no preguntar; presentar argumentos, controlar la conversación, tener todas las respuestas y salirte con la tuya para que la otra persona no se salga con la suya. Formular preguntas cuyas respuestas ya conocemos.

Este concepto preconcebido de las negociaciones ahuyenta a muchos y, por ende lo evitan, además es ineficaz. Para ser un negociador experto no es necesario mirarte al espejo y ensayar tus argumentos. Eso no es negociar, eso es hablar en público. Cuando te reúnes con alguien y encauzas la conversación con esos argumentos, es menos probable que te escuche y más factible que desacredite lo que dices.

En el curso de mi carrera he trabajado con miles de negociadores, por lo que siempre identifico a los expertos a la primera. Los expertos negociadores saben que su mayor fortaleza para negociar es el conocimiento, no la soberbia. Negociar como experto exige suficiente autoconocimiento y que entiendas a tu contraparte para que la conversación sea útil para ambos. Pero la mayoría no pregunta lo importante para comprenderse bien. Investigaciones demuestran que, al negociar, sólo 7% de los involucrados formulan buenas preguntas;[2] incluso compartir información sobre ellos mismos o preguntar sobre su contraparte puede ser ventajoso. Si empiezas a negociar con argumentos o formulando las preguntas incorrectas, no sólo desaprovechas la oportunidad[3] de comprenderse, sino que te arriesgas a obtener menos.

No tiene por qué ser así.

¿Qué es la negociación?

Cuando me propuse escribir este libro, pregunté a cientos de personas de distintas profesiones de varios países cómo definían la palabra *negociación*; tenía la sospecha de que para la mayoría tendría connotaciones negativas. De hecho, muchos la definieron más o menos así: "diálogo para llegar a un acuerdo", la mitad empleó palabras como "ceder" o "transigir", que en sentido estricto implican una pérdida. Para algunos, la negociación era análoga a ceder.

En otras palabras, para la mayoría, uno negocia sólo cuando busca un resultado específico. Y cuando lo haces sueles perder.

A donde quiera que miremos, ya sea en un diccionario, un libro, una serie, la idea es la misma: personas que discuten sobre política o negocios para lograr un acuerdo. Por ejemplo, algunas definiciones del diccionario incluyen:

- Discusiones formales en las que individuos o grupos buscan llegar a un acuerdo, sobre todo en una situación política o de negocios (Macmillan).[4]
- Discusión formal entre individuos con distintos objetivos o intenciones, sobre todo en los negocios o la política, durante la cual intentan llegar a un acuerdo (Collins).[5]

Como resultado, tenemos una idea muy limitada de la negociación que excluye a la mayoría de las personas y los problemas. ¿Acaso sólo se negocia en la bolsa y la política? ¿De verdad sólo se negocia antes de firmar un contrato o llegar a un acuerdo?

Una nueva definición

Cuando doy clases sobre cómo negociar, comienzo mostrando la imagen de un kayak, desde diferentes ángulos, que atraviesa varias cuevas en el mar. Se ve la parte frontal, los remos, el agua clara y varias cuevas a la distancia. Pregunto qué tiene que ver con la negociación. La mayoría responde: "La negociación tiene que ver con decisiones estratégicas. Hay que escoger por qué cueva pasar", "La negociación implica elegir la mejor alternativa" o "Negociar es cultivar el resultado que deseas".

Son definiciones limitadas que se centran en los resultados. Mi concepto de la negociación proviene de una definición distinta, la menos relevante cuando consultas el diccionario.

Negociar /v/: recorrer con éxito (Merriam-Webster).

Cuando vas en un kayak y cruzas el mar o recorres un sendero caminando —en otras palabras, cuando te diriges hacia alguna dirección— ¿qué haces? Diriges. En mi trabajo, explico que la negociación es cualquier conversación en la que diriges el curso de una relación.

Me gusta mucho la metáfora del kayak porque ilustra muchas cosas sobre la negociación. ¿Cómo navegas un kayak? Nunca dejas de remar. Incluso si quieres seguir el rumbo que llevas, hace falta ritmo constante, izquierda y derecha, para continuar el trayecto que trazaste. ¿Qué le pasa al kayak si dejamos de remar? Nos seguimos moviendo, pero tal vez no en la dirección deseada. Nos arrastran fuerzas externas como el viento y el agua. La metáfora del kayak nos revela otro punto sobre la negociación: se necesita la información indicada para guiar el kayak con precisión. No puedes cerrar los ojos, dejar de escuchar y esperar llegar a tu destino. Hay que observar las olas, sentir la dirección del viento. Todo lo que ves, escuchas y sientes te ayuda a navegar con precisión hacia el objetivo.

Remar de manera constante y con información detallada nos beneficia a todos, pero muchas veces no lo hacemos. Como nos han enseñado que la negociación se reduce a hablar de dinero o que es para políticos o empresarios, muchas veces dejamos de dirigir. Soltamos los remos y esperamos esa época del año en la que negociamos nuestro sueldo o una crisis. Y a veces navegamos al azar porque no tenemos información adecuada que nos ayude a trazar el destino.

¿Qué pasa cuando tratamos la negociación como si navegáramos un kayak? Primero, que no esperas hasta que llegue la hora de negociar el contrato con tu jefe o cliente. No esperas hasta que tu relación esté en crisis para hablar. Por el contrario, en cada conversación diriges esas relaciones. Segundo, te informas para acercarte a tu objetivo, formulas buenas preguntas, recurres a avanzadas habilidades de escucha para obtener información que te ayude a dirigir tus acuerdos. En resumen: abordas conversaciones con intención, como parte de tu negociación de esa relación.

Cuando diriges tus relaciones de forma constante, obtendrás mejores resultados cuando llegue el momento de hablar de dinero, clientes o quién olvidó inscribir a los niños al campamento de verano. El resultado no se limita a tratos más ventajosos, sino relaciones sólidas que rindan frutos más allá de lo económico.

Un enfoque distinto

Si hasta ahora éste no parece ser el típico enfoque sobre negociación, estás en lo cierto. Siempre he visto la negociación con otros ojos, y eso se debe a cómo la aprendí. Cuando estudiaba en la Facultad de Derecho de Columbia, aprendí a negociar al revés, es decir, primero estudié mediación. ¿Cuál es la diferencia? Aunque la negociación implica abogar por lo que quieres, la mediación es un proceso mediante el cual un externo ayuda a dos o más personas a alcanzar una meta que les beneficie a ambas partes. Un mediador no se pone del lado de nadie, tampoco ofrece la respuesta correcta. Más bien ayuda a que los involucrados planteen las preguntas adecuadas para ver la situación con más claridad y amplitud. Al hacerlo, ayuda a negociar con mayor precisión, a obtener mayor provecho que si lo hicieran sin su apoyo. En mi área, la mayoría estudia mediación después de negociación (si la llegan a estudiar), de modo que se pierden las aptitudes mediadoras que los podría hacer mejores negociadores todavía.

En el transcurso de los últimos quince años he sido esa mediadora, esa tercera persona externa, los he ayudado a negociar para cumplir sus objetivos. Desde un lugar neutro he sido testigo de cómo ese enfoque argumentativo que antepone los intereses personales, y que muchos adoptan, resulta contraproducente. También identifiqué un enfoque que funciona muy bien. Mi labor como mediadora es ante todo escuchar y formular preguntas sensatas a todos los involucrados, y cuando los negociadores aprenden a hacerlo, obtienen mejores resultados.

Así que cuando doy cursos de negociación, mi objetivo es que todos —no nada más empresarios y políticos— aprendan que son negociadores. No importa quién seas o lo que hagas, las preguntas de este libro te ayudarán a negociar cualquier cosa. Y aprenderás una técnica que te llevará más allá de un apretón de manos, para que experimentes la magia —la claridad, el valor añadido, el conocimiento, la transformación personal— que miles de personas han logrado revelar a través de la mediación.

A eso se refiere el "más" de *Pide más*.

¿Cuál es la mejor forma de dirigir?

Para dirigir con efectividad, es preciso ver, escuchar y entender hacia dónde vas. Uno de los diplomáticos de mayor rango en las Naciones Unidas, Nikhil Seth, Secretario General Adjunto, me compartió que las antiguas herramientas de la negociación y la diplomacia, es decir, mantener tus tácticas en secreto y después sorprender a tu adversario, ya son obsoletas. En esta era, en la que la información viaja por el mundo con un clic, es mucho más difícil sorprender a un adversario. En cambio, considera que la clave para negociar es la transparencia: obtener y compartir la información adecuada.

Una investigación reciente en torno a la negociación y el liderazgo lo confirma.[6] Los mejores líderes y negociadores formulan las preguntas adecuadas y, por tanto, obtienen la información correcta para cerrar mejores tratos.

No obstante, ser transparente es mucho más difícil de lo que parece en esta era de exceso de información. Nos esmeramos por apagar el ruido que genera el internet, las opiniones de los demás e incluso nuestras expectativas, para comprendernos e identificar nuestras necesidades. Cuando nos cuesta vernos tal como somos, inevitablemente también dejamos de ver a quienes nos rodean: nuestros clientes, colegas, parejas o adversarios. Esta falta de perspectiva genera toda clase de retos, entre ellos, negociaciones fallidas, relaciones distantes o deterioradas y servicio al cliente estancado.

Pedir más en una negociación implica formular las preguntas adecuadas: tanto a uno mismo como al otro. ¿Qué preguntas nos frenan y cuáles nos ayudan a progresar?

Pescar con red: el poder de las preguntas abiertas

Es cierto que durante una negociación la mayoría no hace suficientes preguntas. Pero incluso cuando lo hacen, es habitual que éstas los alejen de sus objetivos, en lugar de acercarlos.

Desde inicios de mi carrera como profesora y mediadora me interesó estudiar este aspecto. Durante el segundo año de ejercer como profesora en la Facultad de Derecho de Columbia me invitaron a dar clases en la ciudad costera de Fortaleza, en Brasil. Una mañana durante ese viaje, antes de una de mis clases de mediación en la universidad, salí de mi habitación con el amanecer para caminar por la cercana playa de Mucuripe.

En la playa, vi llegar a la orilla los tradicionales botes pesqueros, *jangadas* o balsas, con la pesca del día. Los pescadores extendieron las redes en la arena para revelar un arcoíris de pescado a la venta: bacalao, atún, camarón, incluso mantarrayas panqueques.

De pie en la playa me acordé de la casa de mi abuela en la costa de Copiague, Nueva York, en donde, de niños, nos quedábamos parados en el muelle horas, con un sedal en el agua de la bahía, esperando atrapar un pez.

De repente se me ocurrió algo, y salí corriendo a mi habitación para revisar las diapositivas de mi clase.

De pie en la playa de Fortaleza, me di cuenta esa mañana de que uno de los motivos por los que la gente se suele sentir estancada cuando plantea preguntas es porque pesca con un sedal en vez de una red. Es decir, hace preguntas cerradas que revelan muy poca información, en ocasiones inútil.

Estos son ejemplos de preguntas cerradas:

¿Puedo convencer a este cliente de que renueve su contrato con mi empresa?

¿Regreso a trabajar tiempo completo, pese a los traslados o me quedo en casa, sintiéndome insatisfecho?

¿Acaso no entiendes que este año necesitamos ahorrar dinero?

¿Mi jefe me dará un aumento?

¿Cómo saber que tu pregunta es cerrada? Te daré un ejemplo. Imagina que me preguntas cómo me fue en mi viaje de negocios más reciente, digamos que a la India. ¿Qué me preguntarías?

Cuando hago este ejercicio en talleres de negociación, la mayoría hace preguntas del estilo: "¿te gustó la India?, ¿en qué ciudades estuviste?, ¿la comida estaba muy condimentada?". Parecen preguntas abiertas, ¿no? No. Son cerradas, es decir, invitan a una respuesta de *sí* o *no*, o monosílaba. Cuando haces una pregunta cerrada, es como si pescaras con sedal.

¿Quieres evitar hacer muchas preguntas cerradas?

No inicies tu pregunta con un verbo inactivo (como variantes de "ser/estar" o "hacer"). "¿Hacía calor en la India?" "¿Te fue bien en los talleres?" "¿Te dio *jet-lag*?" "¿Recomiendas comprar una guía para el Taj Majal?" Muchas veces, cuando inicias con un verbo, estás planteando una pregunta cerrada.

Y no nos damos cuenta de que lo hacemos. Cuando platicas con tu mejor amigo y le preguntas, "¿Te gustó la India?", es probable que comparta más de lo que la pregunta exige. "¡Sí, me encantó! Lo más interesante fue…" Pero si estás hablando con un conocido o alguien con quien tienes un conflicto, lo más probable es que te responda con un *sí*, a secas.

Ahora que tienes esta información, te va a sorprender la cantidad de preguntas cerradas que haces en tu vida cotidiana —a ti mismo y a los demás—. Cuando haces preguntas cerradas, es como pescar con sedal. En el mejor de los casos terminarás con un pez y en el peor, sin nada.

¿Qué es una pregunta abierta?

Una pregunta verdaderamente abierta invita a dar una respuesta minuciosa sobre una serie de temas. Fomenta que tu interlocutor proporcione información fáctica, reflexione sobre sus sentimientos, detalle sus actividades y pondere cómo se ve a sí mismo. Como les conté a mis alumnos ese primer día en Fortaleza, cuando pescas con red obtienes información útil y compleja. Tal vez pescas un montón de peces vivos, cadáveres o mucha alga pesada. Pero logras mucho más que quien pesca con caña.

Esta distinción entre preguntas "abiertas" y "cerradas" es pertinente más allá del campo de la negociación. Lizzie Assa, experta en juego infantil, me compartió que incluso los juguetes de los niños pueden ser abiertos o cerrados. ¿La diferencia? Con juguetes abiertos, como un set de bloques de distintas figuras, los niños (o adultos) pueden construir lo que quieran. Un día puede ser un muro, el otro un árbol y el siguiente una aldea con pobladores. Los juguetes abiertos fomentan el lenguaje, la conexión social y la creatividad (¿te suena interesante?). En cambio, un set de bloques para construir una estación de bomberos implica que sólo puedes crear una cosa: la estación de bomberos. Los juguetes cerrados son mejores para los niños que están aprendiendo a poner atención y completar una actividad.

Del mismo modo, si queremos completar una tarea sencilla y hacerlo rápido, bastará con una pregunta cerrada. Pero si preferimos resolver un problema exigente, verlo mejor, conectar mejor con nuestro interlocutor y liberar nuestra creatividad, necesitaremos una pregunta abierta.

De vuelta a la India: la pregunta más abierta posible (pista: no tiene signos de interrogación)

Seguro quieres saber cuál es la pregunta más abierta que puedes hacer sobre un viaje a la India. La respuesta es que la pregunta no lleva signos de interrogación: *¡Cuéntame cómo te fue en la India!*

Esta pregunta arroja una red muy amplia. Al responderla tal vez te cuente que fue mi primer viaje a la India; que estaba nerviosa porque me estaba recuperando de una cirugía de pie y todavía cojeaba un poco; que estaba emocionada porque nuestro taller de mediación para la Corte de Delhi atrajo a muchos participantes muy comprometidos; lo mucho que me sorprendió la cultura laboral cálida y familiar, gracias a la cual la presidenta del Tribunal Supremo nos invitó a comer a su casa con su madre; o describiría el asombro al ver el Taj Mahal al amanecer; el orgullo por el trabajo admirable de mis alumnos; la culpa porque mi hija menor me extrañaba; que me encantó el *kulcha* de cebolla; o que estaba segura de regresar. "Cuéntame" es una pregunta mágica que abre un mundo entero de posibilidades. Lo descubrirás más adelante en este libro.

Diez preguntas abiertas: el marco de *Pide más*

Pide más contiene diez preguntas que tienen el potencial de transformar casi cualquier negociación, tema de negocios o conflicto personal, para cumplir tus sueños.

No se trata de preguntas seguras, es decir, preguntas cerradas a las que los pescadores amateurs estamos habituados cuando salimos a pescar con una caña y una cubeta. Formularemos preguntas valientes, abiertas, que revelen la profundidad de un tesoro oculto e inesperado.

El espejo: tener claridad sobre uno mismo

Al estudiar negociación es habitual centrarse de inmediato en lo
que pasa cuando te sientas con tu interlocutor (o llamas o escribes
un correo): ¿debería hacer la primera oferta?, ¿debería estudiar su
estrategia y después decidir la mía?, ¿cómo plantear lo que quiero?

Comenzar la negociación en el momento en el que te sientas con
tu contraparte es como hablar de la salsa de tomate de mi abuela
cuando la añado a la pasta: te pierdes de casi todos los ingredien-
tes que la hacen ser especial. Cualquier negociación, cualquier conversación dirigida, tiene que empezar contigo. Es necesario que la
guíes desde el principio haciéndote las preguntas adecuadas, antes
de sentarte con tu contraparte. Las mejores negociaciones, relaciones o interacciones con clientes comienzan con uno mismo: un proceso de autodescubrimiento que contribuye a tener la claridad de
quién eres y qué quieres conseguir.

Las primeras cinco preguntas abiertas en este libro son para ti
mismo. Éstas contribuirán, en primer lugar, a extender una amplia
red en los resquicios más profundos de tu cerebro y ponerte un espejo delante. El conocimiento de uno mismo es crucial para negociar y resolver conflictos, mientras descubres el sentido de tu vida
y la felicidad. Estas preguntas te encaminarán a ese punto.

Es común que cuando los clientes acuden a mi oficina lo hacen
sólo por lo que en el fondo les preocupa. Nunca han podido exa-
minarse más allá del dinero en disputa, la última pelea que tuvieron con su pareja o el contenido del contrato. Cuando los cuestiono,
revelamos los verdaderos motivos de estas diferencias, y entonces
todo cobra mayor sentido, así como lo que buscamos en la negociación inminente. A esto le llamo "el espejo".

La ventana: tener claridad sobre los demás

Después de las preguntas "espejo" siguen otros cinco cuestiona-
mientos para plantear durante una negociación, los cuales emplea-
rás para abrir la ventana y tener acceso a tu interlocutor.

Así como con las preguntas espejo se adquiere perspectiva de
uno mismo, con las preguntas ventana se busca la perspectiva de los
demás. Esta capacidad nunca nos había hecho tanta falta como ahora. Estudios del clima social y político en los Estados Unidos demuestran que la polarización social está más marcada que nunca.[7] Investigaciones también señalan que quienes se incorporan a la
fuerza laboral no tienen suficiente competencia para resolver conflictos.[8] No podemos tener conversaciones profundas que nos ayu-
den a dirigir a nuestras familias, empresas y sociedad, o a entablar
conexiones más allá de nuestra zona de confort. Es preciso tener el
valor —y los recursos— para hablar.

Nikhil Seth me hizo la misma observación con respecto a las
Naciones Unidas:

"Es fácil hablar con personas parecidas a nosotros. No nos atre-
vemos a ver qué hay del otro lado. En la negociación lo que verdaderamente resulta valioso es cruzar esa frontera: procurar entender
la opinión del otro o los otros. Es necesario dar ese paso".

En el proceso de formular estas preguntas y escuchar las respuestas, te ayudaré a ver a tu interlocutor con la misma claridad con
la que te ves a ti mismo. Adquirirás un panorama sin ornamentos
de tu pareja, jefe o adversario: por qué son como son, en qué creen,
qué sienten, qué necesitan. Este enfoque es inusual y tiene el poder
de desbloquear tratos, fortalecer relaciones personales y transformar hasta los conflictos más difíciles. De esto se trata la "ventana".

Triunfa: concluye tu negociación

Para cuando termines este libro, habrás cambiado las preguntas
que te haces a ti mismo y a los demás. Cuando formulas mejores
preguntas, recibes mejores respuestas. Éstas cambiarán tu forma de
ver el mundo y tu lugar en él, lo verás con más apertura; cambiarán
cómo ves a quienes te rodean y te prepararán para abordar cualquier
situación con una mentalidad más positiva, realista y creativa que
te catapultará al siguiente nivel y más allá.

Pero el viaje no concluye con las preguntas. Como sugiere la cita
de Carl Sagan, al principio de este libro, para que nuestro mundo
cobre sentido hay que empezar formulando preguntas audaces. Y
cobra sentido —sin importar el significado que le concedas a esta
palabra— a partir de la profundidad de nuestras respuestas.

PRIMERA PARTE

El espejo

Seguro te suena. Un posible cliente llama y te dice: "me gustaría trabajar contigo, ¿cuáles son tus honorarios?" Tu pareja o compañero de departamento te manda un mensaje preguntando por qué no has pagado un recibo. Un empleado de recursos humanos te pregunta cuál es el sueldo al que aspiras. Tu hijo adolescente te enseña la nota de un profesor: otra vez no hizo la tarea. El agente de bienes raíces te manda un correo y te dice que debes hacer una oferta.

Quieres tomar el teléfono, teclado y responder de inmediato.

Pero espera. En esta sección llamada "El espejo", aprenderás que cuando te tomas un momento —menos de treinta minutos— para esbozar (y responder) cinco buenas preguntas, obtendrás mejores resultados y te sentirás más seguro cuando negocies con tu contraparte.

En un mundo tan orientado hacia fuera en el que mucho de lo que hacemos está predeterminado o se centra en los demás, examinarnos parece antinatural. A muchos, en todas las profesiones, nos han enseñado que la capacidad y el liderazgo durante la negociación se reducen a hablar. Pero, además de hablar, se considera que negociar con éxito implica conocer todas las respuestas.

¿Qué tiene que ver examinarnos con negociar y dirigir nuestras relaciones personales de manera eficaz? Pues mucho. Una investigación reciente de la psicóloga organizacional, la doctora Tasha Eurich, reveló un vínculo sólido entre el autoconocimiento y el liderazgo eficaz, incluida la capacidad para negociar.[9] No obstante, no todo el autoconocimiento es igual. De hecho, éste se divide en dos clases:[10] interior[11] y exterior.[12] El interior se refiere a la capacidad para adentrarnos en nuestro verdadero ser y reconocernos por lo que somos: nuestras prioridades, necesidades, emociones, objetivos, fortalezas y debilidades. En cambio, el autoconocimiento exterior es la capacidad para examinar cómo nos ven los demás. ¿Adivina a cuál de los dos da prioridad la mayoría? Cuando nos centramos en cómo nos ven los demás, en detrimento de conocernos bien; en otras palabras, cuando nuestro autoconocimiento exterior es fuerte pero el interior es débil, es más probable que tomemos decisiones que no correspondan con nuestros valores o prioridades.[13]

Cuando la doctora Eurich y su equipo de investigadores estudiaron cómo incrementar el autoconocimiento,[14] ¿adivina qué? Descubrieron que la introspección adecuada depende de examinarnos,[15] pero no con cualquier clase de preguntas. Porque, de acuerdo con sus observaciones, la mayoría nos planteamos preguntas equivocadas.[16]

Cuando tratamos de conocernos mejor, una de las preguntas más inútiles que podemos plantearnos es *por qué*. Por ejemplo: "¿por qué salió tan mal esa negociación?, ¿por qué no pude formular un argumento?". Solemos preguntar *por qué* cuando queremos culpar a los demás o a nosotros mismos. Investigaciones demuestran que esta interrogante provoca un estado de ánimo autocomplaciente que fomenta respuestas distorsionadas y egoístas. Es tan generalizado que lo he visto en todas partes, en ocasiones con resultados potencialmente destructivos. En los días posteriores al tiroteo de 2017 en Las Vegas, en el que un hombre disparó a una multitud con rifles de asalto desde una suite en el hotel Mandalay Bay y mató a cincuenta personas, leí un artículo en *The New York Times* que alegaba que, tras esta tragedia, el país entero se preguntaba *por qué*.[17]

Sin embargo, en momentos difíciles, saber *por qué* no es lo más importante.

Por qué se remonta al pasado, lo solemos emplear para encontrar al responsable de un problema. Pero lo más problemático de *por qué* es que implica distancia. Cuando creemos entender el *porqué* de las acciones del otro entonces podemos responsabilizarlo y distanciarnos de él.

En este libro no encontrarás esa clase de preguntas, tampoco las utilizo cuando negocio. Cuando indagamos en el *porqué* de las acciones propias o ajenas, obtenemos respuestas egoístas e imprecisas. Prefiero preguntar *qué*. Por ejemplo, en vez de: "¿por qué hice eso?", prefiero: "¿*qué* implica para mí esa decisión?". Los negociadores que trabajan con el *qué* adquieren mayor autoconocimiento interior,[18] que asimismo promueve mejores relaciones de negocios y personales.

Tiene sentido que la mayoría no tengamos competencia para examinarnos. No acostumbramos a hablar con nosotros mismos, así que cuando lo hacemos no sabemos qué preguntar. Janet, ejecutiva de recursos humanos, me contó una anécdota que ilustra este punto: se reunió con una directora, Deborah, quien estaba muy molesta con un empleado al que recién habían transferido a su equipo. Deborah se desahogó con Janet, este empleado no sabía cómo quería que hicieran las cosas y ella no tenía tiempo para entrenar a nadie. Concluyó que necesitaba a alguien más. Necesitaba a alguien maravilloso.

Janet le preguntó: "¿cómo es un empleado maravilloso?" y le dio oportunidad de meditar su respuesta. Deborah se quedó pensando un momento y luego respondió: "alguien que sepa escribir bien, que sea sereno, seguro, que ponga atención a los detalles, con excelente actitud y juicio. Porque son atributos que no siempre puedo enseñar..." Y la voz de Deborah se fue apagando. Hizo una pausa y abrió bien los ojos. Miró a Janet: "De acuerdo, me acabo de dar cuenta. Sí tiene lo que necesito. Debo ser paciente y enseñarle a mover los hilos". Janet comentó: "La magia de esta pregunta es que no fue necesario agregar nada más. Deborah me llamó después para decirme que su nuevo empleado aprendía muy rápido".

Como resultado de esa pregunta espejo (véase el capítulo 2), Deborah escuchó sus propias palabras y aprendió algo importante que cambió la situación y su perspectiva: tenía a un empleado maravilloso que necesitaba un poco de tiempo. Luego de ese intercambio Deborah se dedicó brevemente a ponerlo al tanto y todo su equipo se benefició de ello.

Te toca ponerte frente al espejo

En los próximos cinco capítulos te plantearás cinco preguntas muy completas que aplican para todo tipo de negociación. Esta labor comienza ahora. Y preparé cinco consejos sencillos para guiarte.

UNO: FOMENTA LA OCASIÓN. Con frecuencia, mi labor como mediadora es crear la ocasión para que los involucrados se concentren en el tema a tratar, sin distractores. Brindo un espacio silencioso, neutro, en el que puedan hacerlo. Dispongo un ambiente cómodo, con bebidas y refrigerios. Y les doy el tiempo necesario para hablar. ¡Haz lo mismo! Reserva tiempo en tu agenda. Formalízalo como si se tratase de una cita médica o una reunión con tu jefe.

DOS: ANOTA TUS RESPUESTAS. Cuando acudimos a una reunión importante en la que necesitamos escuchar las ideas de otra persona, la mayoría llevamos una libreta o aparato para tomar notas. Hacerlo no es sólo señal de respeto, está demostrado que nos ayuda a recordar mejor las cosas.[19] ¿Por qué no lo hacemos cuando se trata de nosotros mismos? Quizá seas más organizado o atento que yo, pero me cuesta recordar las cosas al día siguiente. Investigaciones también revelan cuando anotamos nuestros objetivos, es más probable que los cumplamos,[20] y para eso estamos aquí. Aborda esta sesión como una reunión contigo mismo. Anota tus respuestas a medida que vayan surgiendo.

TRES: ANOTA LO QUE ESTÁS PENSANDO. No lo que te *gustaría* pensar. A medida que vas anotando tus respuestas, tal vez te dé vergüenza leerlas. O peor, quizá te censures y ni siquiera te permitas anotarlas. Somos una sociedad muy crítica, y somos más críticos, severos e implacables con nosotros mismos. Muchísimas veces alguien me ha dicho: "Bueno, seguro esto no viene al caso, pero..." o "Este punto es ridículo..." y proceden a decir algo profundo y útil. Es sumamente difícil alejarnos de nuestro crítico interior.

Pero en esta sección te pido que te esfuerces y vayas en contra de tu juicio. Es importante por varios motivos. Primero, cuando nos juzgamos con demasiada severidad, no nos vemos con claridad. En mi labor como mediadora, he identificado que una de las fuentes más comunes de las disputas radica en que las personas no se ven ni se presentan como son. Una cosa es usar filtros en tus fotos de redes sociales para verte más delgado o más fresco, pero mostrarte como una versión idealizada de "conciliador de conflictos" siempre ocasiona problemas. Por ejemplo, ¿qué sucede cuando estás enojado con alguien, pero no lo quieres reconocer? Te sientas a hablar con esa persona —y se asoma por la cortina tu yo enojado— y transmites mensajes confusos, agresión pasiva o palabras duras de las que después te arrepentirás. Verte con claridad fomenta mayor conciencia de ti mismo, lo que te permite comunicarte con más claridad. Los demás responderán a esa autenticidad: es más factible que se muestren como son y que reaccionen a tus ideas con actitud positiva.

CUATRO: DALE SEGUIMIENTO. En esta sección te daré cinco excelentes preguntas para conocerte mejor que nunca; y no sólo eso, también te enseñaré a darles seguimiento e interpretar esa información. Ésto no debe ser complejo para ser efectivo. Es habitual que cuando mis clientes responden la primera pregunta que verás en esta sección, y otra adicional muy sencilla, la información que comparten es más completa. Cuando responden les doy las gracias y pregunto: "¿qué más te gustaría compartir?". Casi siempre cuentan lo que más les preocupa. Date el mismo espacio y permiso.

CINCO: RESUME TU RESPUESTA. Cuando termines de responder cada inciso, lee lo que escribiste. Después tómate un momento para pensar qué revelaste. ¿Si alguien más te lo hubiera contado, cómo lo resumirías en un par de líneas? Dilo en voz alta como si lo estuvieras explicando a un amigo de tu confianza (o si te funciona mejor, explícaselo a un amigo). Después escribe el resumen debajo de la respuesta original. Cuando resumas, asegúrate de identificar patrones o palabras que se repitan. Tienen significado especial, así que anótalas. Vamos a empezar.

UNO

¿QUÉ PROBLEMA QUIERO RESOLVER?

S e dice que Albert Einstein declaró que, si tuviera una hora para solucionar un problema, dedicaría cincuenta y cinco minutos a reflexionarlo y cinco a pensar en soluciones.[21]

¿A quién más le encantaba reflexionar sobre los problemas? A Steve Jobs. En 2002, con el éxito reciente del iPod, Jobs observó que los clientes lo llevaban a todos lados para escuchar música.[22] Pero mientras contemplaba (y experimentaba) este fenómeno, se sentía cada vez menos satisfecho por haber creado un aparato que sumaba al peso que los consumidores cargaban cuando se trasladaban de un lugar a otro.[23] Esos mismos consumidores cargaban otros aparatos:[24] un teléfono, una laptop estorbosa e incluso un "asistente digital personal" o PDA [por sus siglas en inglés], como la Palm. En aquel entonces, los smartphones y los PDA incluían un teclado fijo que podía ser difícil de usar, o bien un bolígrafo digital que a veces no servía o se perdía.

Jobs identificó lo que otros no: la gente necesitaba un aparato para todo: llamadas, cómputo, música y organización, y que fuera fácil de usar.[25] Sin teclado, sin bolígrafo ni ninguna otra herramienta de escritura que pudiera extraviarse. Un solo dispositivo y el único accesorio que requería: el dedo humano.[26] Para ello, puso a los ingenieros de Apple a trabajar en la creación de *un* artefacto que resolviera este problema.[27]

Varios años después, Jobs se reunió con AT&T y negoció que su subsidiaria, Cingular Wireless, comercializara el primer iPhone, que

sorprendentemente seguía en desarrollo.[28] AT&T tendría los derechos de distribución exclusivos del nuevo iPhone y a cambio, cada
mes, Apple se quedaría con cerca de diez dólares de la factura de
internet inalámbrico de cada cliente.[29] Apple también conservó el
control del software, el precio, la distribución y el *branding* del teléfono.[30] Este trato nunca se había visto en la industria de la telefonía inalámbrica.[31] Jobs convenció a AT&T al describir un problema
que él creía que sólo Apple podía resolver y al articular su visión de
una solución sin precedentes.

Esta negociación fue sólo una parte de una serie de acuerdos
que sostuvo Jobs para materializar el iPhone. Un consultor que trabajó con Jobs en esa época, Raj Aggarwal, declaró para la revista
Forbes que el éxito de esta negociación con AT&T funcionó porque
Jobs gestionó sus relaciones con todos los actores relevantes: "Jobs
se reunió con los CEO de cada empresa. Me sorprendió su naturaleza práctica y sus ganas de dejar su marca en todo lo que hacía la
empresa".[32] Coordinó cada detalle del producto con sus ingenieros,
hizo pruebas hasta que el producto funcionó como lo había ima-
ginado. Dirigió las relaciones con consultores como Aggarwal, con
sus colegas en Apple, analistas en el mercado y, lo más importante, con sus clientes.

El iPhone de Apple vio la luz en 2007 y de inmediato se llevó un
segmento importante del mercado de telefonía móvil.[33] ¿Qué produjo este éxito transformador para Jobs y Apple? Como describió
más adelante el emprendedor de tecnología británico Kevin Ashton: "Para Jobs y el iPhone, el punto de partida crucial no fue encontrar una solución sino identificar un problema: los teclados per-
manentes dificultaban el uso de los smartphones. Lo demás se fue
desarrollando".[34]

El primer paso fundamental en *cualquier* negociación

Lo primero que debes preguntarte en cualquier negociación es: ¿Qué problema quiero resolver?". Cualquier decisión, cualquier paso que des cuando negocias deriva del problema u objetivo que has definido. En otras palabras, si vas a remar a bordo de tu kayak, ¿acaso no debes saber primero a dónde vas? Si te saltas este paso (y muchos lo hacen) corres el riesgo de remar y remar en aguas picadas y acabar en la isla equivocada.

La mayoría cree que lo divertido de negociar es encontrar la solución. No. Lo interesante es definir el problema. Cuando logras hacerlo, descubrirás lo satisfactorio, creativo e incluso divertido que puede ser. Como coach de negociación, ayudar a descubrir el *qué*, el problema a resolver, es igual de emocionante que para algunos aventarse de un avión o comerse un plato de pasta en Italia (no me juzguen, a todos nos gustan cosas distintas.) Y esto se debe a que sé que la respuesta implica descubrimientos o logros maravillosos.

Definir el problema contribuye a crear la solución. Y es pertinente para cualquier negociación, no importa si se trata de un conflicto diplomático o de convencer a tu hijo de dos años que cenar helado no es saludable.

Dedicar tiempo para ahorrar tiempo

Definir con precisión un problema lleva su tiempo. Pero normalmente, el tiempo que dedicas al principio rinde frutos. Un ejecutivo que tomó mi curso de negociación y completó esta pregunta me dijo: "Creo que en quince minutos me ahorré tres días de darle vueltas a esto". Cuando sabes a dónde quieres ir, ahorras mucho tiempo que de lo contrario desperdiciarías si te pierdes (y, de todas formas, debes revisar el mapa y definir a dónde vas).

Cómo definir el problema en negociaciones importantes

Definir el problema es crucial para negociaciones importantes, complejas o de larga duración. En otras palabras: si alguien entra a mi oficina y lo primero que hago es pedirle la solución a su problema, es igual que pedirle que describa algo que ni siquiera ha logrado identificar. Imagina que estás haciendo senderismo en una montaña. Cuanto más alta sea la montaña, menos visible es la cima desde la base. Debes iniciar abajo, subir paso a paso. Con cada camino pedregoso que atravieses o arroyo que sortees, adquieres experiencia y seguridad para seguir adelante. Y en algún momento alcanzas a ver la cima. Te imaginas cómo es y cómo llegar.

Así como subimos una montaña, también negociamos. Al preguntarte qué problema quieres resolver, inicias en donde debes —con el problema a solucionar— y generas información que contribuirá a visualizar tu objetivo y después cumplirlo, es decir, llegar a tu solución.

Vamos a poner un ejemplo. Para los Estados Unidos el ausentismo crónico en las escuelas es un problema serio. Se considera Ausentismo crónico cuando hay faltas de 10% o más en el ciclo escolar por cualquier motivo,[35] y se traduce en que los niños de tercer grado no aprenden a leer, los de sexto reprueban materias y los de tercero de secundaria abandonan la escuela.[36] Según la organización sin fines de lucro Attendance Works, que trabaja con escuelas y comunidades para reducir el ausentismo, cada año en los Estados Unidos más de ocho millones de alumnos faltan tanto a la escuela que corren los riesgos académicos anteriormente descritos.[37]

Tradicionalmente, quienes estudiaban este problema se centraban en las ausencias sin justificación, es decir, cuando los alumnos no presentan una nota de sus padres para acreditar la falta. Esta definición unilateral del problema asumía que el alumno o la familia incurría en un comportamiento inadecuado, y la solución solía ser correctiva y muy simple: sanciones con el fin de obligarlos a comportarse mejor. Pero las sanciones son inútiles.

Cuando Hedy Chang, directora ejecutiva de Attendance Works, se sentó a definir el problema, no nada más se centró en las faltas y suspensiones sin justificación. Para ella el problema era que los niños faltaran a la escuela por tiempo considerable, sin importar el motivo. En los grados menores identificó que muchos alumnos en riesgo acumulaban faltas justificadas. Es decir, si se limitaban a los permisos, no solucionarían el problema. A partir de ello, Hedy anima a las escuelas a hablar con niños y padres para revelar los problemas de fondo que impiden a los niños asistir a la escuela. Estos esfuerzos han dado soluciones inesperadas. En cuanto abrieron las vías de comunicación con los alumnos y familias, los directores de varias escuelas descubrieron algo inesperado: a veces los niños faltaban a la escuela por razones distintas a no querer estudiar o porque para sus papás no fuera prioritaria la educación, sino porque no tenían ropa limpia. Los alumnos que no podían lavar su ropa se quedaban en casa, en vez de pasar vergüenza frente a sus compañeros. Tras este descubrimiento muchas escuelas se asociaron con comercios locales o fundaciones para proporcionar servicios de lavandería en las escuelas. Una escuela reportó que el porcentaje de alumnos que asistía a clases 90% del tiempo se disparó de 46 a 84% tras disponer el programa de lavandería y el seguimiento de mentores.[38] Definir el problema del ausentismo crónico ayudó a Hedy, Attendance Works, educadores y socios de la comunidad de todo el país para diseñar una solución innovadora y efectiva que benefició a familias y distritos escolares en la misma medida.

Como demuestra este ejemplo, si tienes una negociación importante o complicada entre manos, es crucial definir el problema. También en el caso de las situaciones personales. Pongamos de ejemplo a Antonia, exitosa y próspera profesionista de seguros que lleva cinco años en conflicto con su hermana mayor, Carmen. Carmen pide ayuda financiera a Antonia de manera constante y no gasta el dinero en renta o comida, sino en artículos de lujo que presume a sus amigos. Peor aún, Carmen menosprecia el éxito profesional de su hermana entre su familia. Aunque Antonia está cada vez más resentida, cuando intenta hablar con ella, se le dificulta articular su reclamo y sólo logra expresar su ira. Las conversaciones no resuelven ni consuelan a Antonia. ¿El motivo? Antonia debe definir el problema que quiere resolver. ¿Pedirle a Carmen que sea agradecida por su apoyo? ¿Establecer límites en torno al dinero? ¿Encontrar una forma sutil de tomarse un descanso de la relación? Identificar el problema que quiere resolver le brindará una noción para desarrollar la conversación pendiente.

¿Alguna vez te has sentado con alguien y te das cuenta de que te cuesta organizar la información o priorizar lo que más te interesa?, ¿tal vez llevas diez años de carrera y te involucras en distintos proyectos, pero al final no estás seguro de hacia dónde vas? Como Antonia, quizá te saltaste el paso importante en el que defines el problema.

Cómo definir el problema en negociaciones sencillas

Tal vez no busques encontrar la cura del cáncer ni resolver el curso de tu carrera. Simplemente te estás preparando para hablar con el trabajador que remodelará tu baño o con tu casero para que arregle una gotera. Entonces debes empezar a plantear soluciones, ¿cierto?

Iniciemos con el ejemplo del baño. Te preparas para conversar con un trabajador sobre una renovación. Incluso en este caso vale la pena preguntar qué problema quieres resolver. ¿Vas a vender tu casa? En ese caso, quizá quieras hacer un diseño comercialmente atractivo a un precio razonable. ¿Estás acondicionando la casa de tus sueños, en la que, si todo sale bien, quieres pasar las próximas cuatro décadas de tu vida? Entonces, quizá quieras incluir características innovadoras que vayas a requerir durante ese tiempo. ¿O estás renovando el baño apresuradamente porque tu pareja tuvo un accidente y está en silla de ruedas? Este escenario implica otras opciones.

Incluso en las negociaciones sencillas es imposible diseñar soluciones hasta no comprender el problema.

Cómo definir un problema que nadie ha identificado: la innovación como negociación

En ocasiones, cuando negociamos navegando el kayak por corrientes rápidas, elegimos el camino que marcó la persona frente a nosotros. Pero a veces no hay camino trazado, hay que crearlo.

Comencé este capítulo con una anécdota sobre innovación, pero también es sobre negociación. ¿Cómo? Apple identificó a dónde tenía que llegar y dirigió sus relaciones importantes —con su distribuidor, el mercado y sus clientes— en esa dirección. Y todo comenzó definiendo el problema.

La mayoría cree que la negociación sólo corresponde al pasado, pero se trata de dirigir; es creativa, generativa; en última instancia, así creamos el futuro. A veces lo hacemos resolviendo un problema que nadie más comprende. En la creatividad, la negociación se convierte en innovación.

Steve Jobs lo reconoció. Siempre buscó entender el próximo problema (reconoció que siempre hay un problema, incluso con los productos que a los consumidores parecen fascinar) y resolverlo, incluso antes de que nadie más en el mercado los reconociera como tal. En las instalaciones de Apple hay una inscripción que dice LOOP INFINITO. ¿Qué quiere decir? Como lo describió el autor Kevin Ashton cuando estudió a Jobs: "crear no es resultado de la genialidad, incubación inconsciente o momentos de iluminación. Es resultado de pensar: una serie de pasos mentales que consisten en *problematizar, resolver, repetir*".[39]

Darrell Mann, especialista en innovación global y antiguo ingeniero en jefe de Rolls-Royce, lleva décadas estudiando la innovación en las empresas, y por qué resultan o no. Descubrió que sólo 2% de las innovaciones empresariales tienen éxito. Y "25% fracasan porque se intentó resolver el problema equivocado".[40]

Cómo definir el problema de forma integral: ampliar la perspectiva

"¿Qué problema quiero resolver?" es una pregunta general, y para resolverla con precisión debemos desafiarnos. Obras como *Thinking, Fast and Slow* incluyen investigación en el campo de la neurociencia, según la cual los seres humanos eludimos las preguntas exigentes y preferimos las más reduccionistas y sencillas.[41] Lo hacemos para evitar pensar en cosas cuya respuesta no sabemos o que no queremos abordar. Pero pescar con una red cuando solucionamos un problema puede rendir descubrimientos asombrosos que lo cambian todo.

Marcus, director de la sede regional de una empresa nacional, se sentó con sus gerentes para resolver un problema. Roger, uno de sus empleados, había pedido un ascenso y se lo negaron, por lo que presentó una queja interna. Cuando los gerentes convocaron esta reunión, decidieron que la solución era llegar a un acuerdo con Roger, sin ir a juicio. Pero terminaron diagnosticando un problema mucho mayor.

Marcus no entendía qué sucedía en la oficina bajo su jurisdicción. Era un equipo alegre que parecía cercano. Pero en el curso de un año, tres empleados habían presentado quejas por recibir un trato injusto, ya sea en sus funciones, tiempo extra o la comunicación con su gerente. No había habido cambios en la dirección y parecía que las funciones se distribuían igual que siempre.

Marcus hizo a un lado la queja de Roger un momento y pidió a su equipo que contaran en términos más generales cómo iban las cosas en la oficina ese año. Sus gerentes hablaron de las cifras actuales de su personal, los proyectos que traían entre manos y la reorganización de su edificio, esto fue interesante para Marcus. Recordó que el año pasado habían renovado y reorganizado el espacio de la oficina. Debido a la construcción, tuvieron que reubicar a un tercio de sus empleados e instalarlos en una oficina muy vieja, lejos de sus compañeros. Marcus preguntó en dónde había quedado el lugar de Roger y los otros dos empleados que habían presentado quejas. Habían reubicado a los tres.

Marcus se dio cuenta de que su problema no era llegar a un acuerdo con Roger sin llegar a juicio, más bien, ¿cómo lograr que la oficina volviera a ser una unidad cohesiva y funcional? Marcus habló directamente con Roger y, en vez de tratar su ascenso, le pidió que hablará en términos generales de la situación en la oficina. Efectivamente, Roger se había sentido excluido de las decisiones de la oficina. Nadie le había explicado por qué era parte del grupo al que habían reubicado. La mudanza había perjudicado la comunicación en su equipo. Antes, cuando todos trabajaban en el mismo espacio, Roger podía pasar a las oficinas de sus supervisores cuando fuera necesario; ya no. Aún peor, nadie habló con Roger cuando se decidieron los ascensos, se enteró por correo.

Cuando Marcus entendió el problema más general, pudo resolver la queja de Roger y mucho más. Marcus y el equipo directivo se reunieron con todos los empleados de la oficina y se responsabilizaron por no comunicar de forma efectiva las decisiones en torno al espacio y los ascensos. Les compartieron el estatus de las renovaciones. Involucraron a toda la oficina para encontrar estrategias que mejoraran la comunicación con los empleados de los dos espacios. Marcus resolvió las tres quejas con éxito y logró reencaminar la oficina. Cuando Marcus vio el caso de Roger desde un punto de vista más amplio, pudo concebir una estrategia de negociación que contemplara no sólo a Roger, sino a toda la oficina.

El objetivo de este capítulo es que comiences a resolver un problema, así que necesitarás tiempo para lanzar una red muy vasta y así obtener el ángulo más completo posible. Los expertos en innovación lo denominan *ampliar la perspectiva*. Una vez definido el problema, aprenderás a verlo desde lejos e identificar si te estás perdiendo de algo más general.

Qué no hacer: así sabemos definir un problema

Cuando negociamos, muchos nos saltamos un paso crucial: definir el problema. He visto a personas conformarse con menos porque su definición es limitada, poco útil. Permíteme poner un ejemplo:

Recursos humanos acaba de entregar a Rosana, la CEO de la empresa, los resultados de las evaluaciones de los empleados. Cuando se percató de que la rotación entre sus empleados más jóvenes era más alta de lo normal, pidió a recursos humanos que los evaluara y preguntara qué tan satisfechos estaban en el trabajo. Los resultados indican que la moral es bastante baja. Imagina que Rosana se sienta a definir su problema y escribe:

La tasa de satisfacción entre nuestros empleados jóvenes es sumamente baja.

¿Cuál es el problema con esta definición? De hecho, hay varios. Primero, parece regresivo. Sí, nos queremos centrar en el problema antes de diseñar soluciones, pero también es preciso tener claro el objetivo. Esta definición no ayuda a Rosana a pensar en el futuro de su empresa. En segundo lugar, el planteamiento es negativo. Indica lo que no quiere, no lo que sí quiere. Cuando nos subimos al kayak y alguien nos pregunta a dónde vamos, no responderemos: "Pues no sé, pero no quiero acabar atorada en las piedras". Por último, referirse a la tasa de satisfacción refleja un enfoque reduccionista, como pescar con sedal. Es probable que la satisfacción sea síntoma de un problema mucho mayor que Rosana tendrá que resolver.

Cinco pasos para definir tu problema con claridad y en su totalidad

Para el primer paso tómate cinco minutos para pensar y anotar lo que quieres resolver, no importa si se trata de un conflicto familiar como el de Antonia, la renovación de tu baño o restablecer la moral en tu oficina. Incluye motivos que creas contribuyeron a que la situación llegara a su estado actual,[42] así como las repercusiones en tu vida, carrera, empresa o comunidad. Por ejemplo, Rosana podría completar esta sección mencionando la rotación de los empleados, la evaluación, los resultados y todo lo que se relacione con este problema. Cuando termines de ponerlo por escrito, resúmelo en una oración, como Rosana hizo arriba. Resumir el problema en una oración pinta un panorama claro y conciso.[43] Rosana lo hizo cuando escribió: "La tasa de satisfacción entre nuestros empleados jóvenes es sumamente baja". Para el ejemplo de la renovación del baño, podría ser: "La cotización final supera mi presupuesto". Y en el caso de Antonia: "Mi hermana no me respeta y no agradece nada de lo que he hecho".

En tercer lugar, analiza tu oración, reformula lo que parezca negativo o regresivo para darle un tono positivo y con visión de futuro. Cuando definimos un problema que queremos resolver, es preciso articular qué queremos en el futuro, no lo que no queríamos en el pasado. Por ejemplo, Rosana cambiaría "La tasa de satisfacción entre nuestros empleados jóvenes es sumamente baja" por "Necesitamos aumentar la tasa de satisfacción de los empleados jóvenes". La propietaria del baño podría decir: "Necesito un baño que se ajuste a mi presupuesto". Y Antonia: "Necesito que mi hermana me respete y reconozca". Cuando remas un kayak, obtienes mejores resultados si te concentras en el objetivo[44] (la playa) y no en el obstáculo (las piedras). Con este cambio de ángulo, hacemos a un lado el miedo y la queja para adoptar una mentalidad positiva, resolutiva, que nos lleve a nuestro destino.

Cuarto, formula tu oración como pregunta, con *cómo, qué, quién* o *cuándo*. En el caso de Rosana, sería: "¿qué podemos hacer para aumentar la tasa de satisfacción de los empleados jóvenes?" o "¿cómo aumentar la tasa de satisfacción de los empleados jóvenes?". La propietaria del baño se preguntaría: "¿cómo remodelar un baño nuevo con mi presupuesto?". Y Antonia: "¿cómo sentir que mi hermana me respeta y reconoce?". Un mensaje similar, pero formulado como pregunta, te motiva a buscar información más precisa y actuar a partir de ella. De nuevo, cuando de negociar se trata las preguntas son la respuesta.

Por último, queremos definir el problema en términos generales y presentar un panorama completo. Si empiezas con una definición reduccionista como la de Rosana, hay una explicación sensata. Tu cerebro trabaja en tu contra, quiere pescar con sedal y no con red. Analiza tus notas y pregúntate: "¿qué pasaría si esto se materializara?". Anota la respuesta y revisa tu pregunta original, procura visualizar un panorama más amplio. Rosana analizaría su pregunta: "¿qué podemos hacer para aumentar la tasa de satisfacción de los empleados jóvenes?" y la cambiaría por, "¿Qué pasaría si la tasa de satisfacción de los empleados jóvenes aumentara?". Quizá concluiría que la empresa atraería y conservaría a los mejores empleados y con ello, tendría también mejores resultados. La pregunta editada de Rosana sería: "¿qué podemos hacer para que los mejores de la industria quieran trabajar en esta empresa y esforzarse en beneficio de todos?". De este modo, Rosana ha convertido el tema de la evaluación en una llamada de acción que le ayudará a reencaminar la empresa y fomentar esas relaciones. La propietaria del baño podría concluir que, si la renovación se acerca más a su presupuesto, entonces este año podría reservar más dinero para su pensión. Así que la pregunta editada sería: "¿cómo renovar el baño ajustándome a mi presupuesto y ahorrar más para mi retiro?" Y Antonia cambiaría: "¿cómo sentir que mi hermana me respeta y reconoce?" por "¿cómo lograr que la relación con mi hermana sea emocionalmente sana?". Esta pregunta aclara a Antonia que no se trata sólo de dinero ni de respeto: evalúa lo que necesita para sostener su relación con Carmen.

Como demuestran los ejemplos anteriores, solemos definir nuestros problemas de forma reactiva, a partir de una interacción o situación. Cada una de estas preguntas editadas permite que el involucrado vea más allá de un suceso detonante —una evaluación, la renovación de un baño, la pelea con una hermana— para contemplar los objetivos más generales que están buscando: una empresa exitosa, una pensión robusta o salud emocional. Para *pedir más* en una negociación es preciso definir una visión más amplia.

Resolución de dudas frecuentes

A continuación, esbozo algunas dudas que surgen cuando hablamos de qué problema se quiere resolver.

¿Qué hay de los problemas que no tienen solución?

Incluso los expertos en resolución de conflictos reconocen que hay problemas que no tienen solución. En ocasiones, lo mejor que podemos hacer es arreglárnoslas. Por ejemplo, mientras escribo este libro contemplo una serie de opciones para cuidar a mi padre moribundo, y todas ellas parecen imposibles. Necesita asistencia las veinticuatro horas y debemos decidir si internarlo en un asilo en donde estará bien atendido, pero extrañará mucho a su familia; o permitir que permanezca en casa, en donde podría lastimarse y mi madrastra y sus enfermeras están muy estresadas. No hay solución perfecta, ni siquiera grata. Ninguna estrategia de negociación puede cambiar el hecho de que mi padre tiene una enfermedad cerebral degenerativa e incurable, y que seguirá sufriendo en cualquier situación de vida a medida que la enfermedad avance. No obstante, estoy repasando estas preguntas para tomar una decisión. Hasta en el caso de los problemas que no tienen solución, entender el problema contribuye a minimizar los efectos perjudiciales que tiene en nuestras vidas, disminuir el estrés y la ansiedad que nos generan, e incluso nos puede ayudar a descubrir nuevas estrategias.

Incluso si no puedes resolver el problema subyacente ("¿Cómo curar la demencia frontotemporal?" no arrojó ningún resultado), puedes encontrar temas que tratar. Estudié esta interrogante cuando tomé decisiones médicas para mi papá, y mi definición del problema fue: "¿cómo podemos cuidar a papá para extremar su comodidad y dignidad y, a la vez, que sus cuidadores y familiares se sientan apoyados?". Ver el problema desde esta óptica y resolver las demás preguntas en esta sección aclaró la decisión: lo trasladamos a unidad de tratamiento de trastornos de la memoria en donde recibe cuidados profesionales y también visitas diarias de su familia. Es imposible curar la enfermedad de mi papá, pero sí podemos priorizar su comodidad y dignidad, así como el bienestar de la familia. A veces, tener una meta realizable en medio de un problema irresoluble puede brindar la sensación de paz.

¿Y si sólo estoy negociando conmigo?

Sabemos que las conversaciones que se tienen con uno mismo también son negociar. ¿Debería participar en las reuniones directivas?, ¿es momento de emprender con mi negocio?, ¿cómo sentirme más seguro cuando abogo por mis intereses en mis relaciones personales? Esta pregunta y la sección "El espejo" de este libro, pueden ser muy útiles en cualquiera de estas negociaciones.

En ocasiones, la gente busca orientación profesional para negociar no porque estén listos para sentarse a hacerlo, sino porque se sienten estancados y necesitan claridad. Esa sensación de estancamiento suele ser una negociación interna: ¿qué hago con mi vida?, ¿qué trabajo acepto?, ¿vuelvo a trabajar?, ¿cómo sentirme más feliz? Muchas personas creen que se requieren dos personas para iniciar un conflicto, pero ¡sólo se necesita un coche para tener un accidente!

Cuando examines qué te trajo aquí, tendrás mejor información para seguir adelante. Si estás estancado, de todas formas, puedes analizar la situación desde sus dos aristas, estudiar los sentimientos encontrados, patrones y hechos que te llevaron al estancamiento.

Autocensura: demasiadas voces en tu cabeza

Uno de los obstáculos más comunes a los que me enfrento como mediadora o asesora es la autocensura. Mi labor es ayudar a la gente a combatirla para así definir sus objetivos, por su cuenta. Quizá creas que tu meta debería ser X, pero en el fondo aspiras a Y.

En una ocasión, un alumno acudió a mi oficina. Su rendimiento en clase era de los mejores, y también en otras clases. Su historial académico era sobresaliente, por lo que estableció la meta de ingresar al mejor despacho de abogados posible (en este contexto, quiere decir con "mejor clasificación", pues a los abogados les encantan los rangos). En la facultad de derecho, durante el verano, los alumnos hacen prácticas profesionales en el despacho de abogados en el que esperan trabajar tras titularse. Si consiguen una propuesta de trabajo regresan a su último año en la facultad con seguridad. Este alumno, a quien llamaré David, aseguró varias ofertas de los mejores despachos del país, y aceptó la del mejor despacho en su lista. Luego de las prácticas en verano, el despacho le ofreció con mucho entusiasmo un trabajo permanente.

David regresó a la universidad en septiembre y pidió reunirse conmigo. Llegó a mi oficina, cerró la puerta y estudió el entorno, como si le preocupara que alguien lo escuchara. En voz baja, me contó que había tenido un verano estupendo. Después hizo una pausa. "¿Pero...?", pregunté. "Pero... no sé, mi objetivo original era entrar al despacho mejor clasificado. Y es un lugar maravilloso. Tengo suerte de que me ofrecieran trabajo. Pero si soy honesto, no sé si es la vida que quiero. Quiero tener familia y convivir con ella. También... toco en una banda. Quiero tener tiempo para hacer música", respondió. "¡Qué bien!, ¿y por qué parece que te estás disculpando conmigo?", volví a preguntar. "Pues, porque siento que la sociedad no acepta que... queramos vivir".

Me reí en voz alta y luego de una pausa, él también. A veces, vivir parece un objetivo revolucionario. Ese día, hablamos más sobre sus metas y cómo podía lograrlas, junto con sus otros objetivos profesionales. Me da gusto reportar que hoy, este antiguo alumno trabaja en un lugar donde puede tener vida personal, toca su música y es un padre muy comprometido con sus hijos. Sus metas eran dignas y las materializó.

¿Qué hacer si la voz de alguien más se mete en tu cabeza mientras escribes tus respuestas a esta pregunta? Quizá te confunda o preocupe la opinión de alguien más. Explora esa pregunta: escribe quién es la posible audiencia de tu problema —colegas del trabajo, clientes, pareja, hijos, etcétera— y piensa cuál sería su perspectiva. Después analízala, ¿estás de acuerdo?, ¿no coincides? Tarde o temprano tu objetivo será hacer a un lado esa opinión para sintonizar con la tuya.

"No sé"

¿Y si lees esta pregunta y te quedas en blanco? A lo mejor no estás seguro de qué te motivó a leer este libro. A lo mejor evitas negociar. Algunos son tan buenos evitándolo que se olvidan de hacerlo. Es el equivalente a soltar los remos del kayak o a esconder la cabeza entre las rodillas y dejar que te lleve la corriente.

O tal vez sepas que debes negociar, pero no estás muy seguro de cómo empezar a pensar en tu problema. A veces, cuando estamos en medio de un conflicto, una situación en desarrollo o una negociación difícil, nos da la sensación de que es un caos y no sabemos cómo desenredarla.

Si te identificas en estos párrafos intenta esto:

Recuerda las últimas veces que te sentiste insatisfecho, inquieto, infeliz o harto. ¿Qué pasó antes de esos momentos? Tal vez te ayude a definir el problema que quieres resolver.

O a la inversa: recuerda las últimas veces que te sentiste feliz, satisfecho o que las cosas corrían su curso. ¿Qué produjo esos momentos? Puede ayudarte a descubrir tu meta.

Si sigues en blanco: descansa. Concéntrate en los siguientes minutos en los que te sientes infeliz/feliz y piensa qué ocasionó ese sentimiento. Te acercas a descubrir qué te llevó a leer este libro y a poner manos a la obra. Recuerda que definir el problema que te aqueja, o tu meta, serán los cimientos para llegar a tu solución.

Para terminar

El primer paso para saber negociar como un experto es identificar el problema que quieres resolver. Ahora que ya lo definiste, lo vamos a desglosar.

DOS

¿QUÉ NECESITO?

Lilia miró los rostros sombríos de su nuevo equipo de trabajo mientras salían de su oficina. Era 2013 y Lilia, profesora, abogada e investigadora, había sido ascendida a vicepresidenta de la Universidad de Fortaleza (Unifor), una universidad privada al noreste de Brasil. Su puesto implicaba estar a cargo de todos los programas de posgrado.

Cuando asumió la vicepresidencia, Lilia había soñado con transformar los programas de posgrado, aumentar la matrícula estudiantil y subir en las clasificaciones nacionales. Pero ese día, su equipo acudió a ella para compartir sus reservas. El estado general de los programas de posgrado era malo. La economía de Brasil era inestable y las tasas de desempleo superaban 7%, por lo que era difícil atraer a alumnos de nuevo ingreso. Unifor era una universidad privada que dependía de que sus alumnos tuvieran estabilidad financiera para costear las colegiaturas. Sin empleos es difícil invertir en educación de posgrado, gastar una cifra cuantiosa en lo que se percibe como una inversión incierta. Las otras universidades privadas no compartían sus cifras, pero el equipo de Lilia sabía que también tenían dificultades. Su equipo le advirtió que se preparara para las consecuencias, el panorama era sombrío y no parecía que fuera a cambiar hasta que mejorara la situación económica. Su definición del problema se podría haber resumido así: "No podremos incrementar la matrícula estudiantil ni nuestra clasificación hasta que el país sortee la crisis económica y disminuya el desempleo".

Lilia pensaba distinto. Se preguntó si con los programas de posgrado podían ayudar a la gente a salir de la crisis y encontrar trabajo. Lilia investigó qué se requería para solucionar este problema. Se dio cuenta de que además de programas de calidad en las carreras de negocios, derecho o urbanismo, también debían incluir aptitudes gerenciales pensando en los futuros empleadores de los alumnos. También sabía que era preciso que la universidad vinculara a los alumnos con empleos mediante los programas de posgrado. Por último, Lilia contempló lo que necesitaba en el plano personal: "Como investigadora, mi labor era identificar y resolver problemas. Me emocionaba cuando descubría una solución innovadora para algo que parecía imposible. También era profesionista y tuve a mi primer hijo muy joven, incluso antes de terminar de estudiar, así que estaba acostumbrada a ser creativa y perseverante también en mi vida personal. Me di cuenta de que no podía renunciar a mi sueño de expandir nuestros programas de posgrado, no era justo para mí ni para nadie. Sería perjudicial para la universidad y para mí. Tanto la institución como yo necesitábamos remediar este desafío".

A partir de esta lista de necesidades, Lilia reestructuró los programas de posgrado para que las carreras incluyeran aptitudes gerenciales, además de técnicas, como resolución de conflictos y de problemas complejos, creatividad y trabajo en equipo. Además, concibió un toque final para cada programa: para todas las carreras era requisito crear un proyecto final que vinculara los estudios con el mundo exterior, resolviendo un problema, local o internacional. De este modo Unifor los pondría en contacto con una empresa u oficina gubernamental que necesitara ese trabajo. Lilia denominó este nuevo modelo de educación de posgrado "Líderes que transforman" y comunicó de manera directa al público que la educación de posgrado de Unifor era benéfica debido a la difícil situación económica, no pese a ella. Efectivamente los estudiantes desempleados que se inscribieron a los programas de posgrado consiguieron trabajo gracias al plan de Lilia de vincularlos con la práctica. Y la matrícula comenzó a aumentar.

En 2019, Lilia volvió a evaluar los programas de posgrado de Unifor. La situación económica de Brasil había cambiado desde que inició "Líderes que transforman" en 2013: empeoró. El desempleo había ascendido 13%. No obstante, el total de alumnos matriculados en sus programas de posgrado se había duplicado. Más aún, la agencia brasileña que regulaba todos los programas de posgrado cambió los estándares a partir de los que evaluaba la calidad de los programas de maestría y doctorado, ahora pedía incluir "los resultados del proyecto/investigación en la sociedad", como resultado directo del trabajo de Unifor.

Cuando Lilia reestructuró el problema de la universidad, centrándose en las necesidades personales e institucionales, contribuyó a transformar todo el departamento de posgrado y las vidas de muchas personas en Brasil.

Necesito, luego hago (o no hago)

Las necesidades motivan todo lo que hacemos. Son nuestras fuerzas impulsoras, el porqué de todo comportamiento humano. Cuando la ausencia de algo te causa cierto sufrimiento o adversidad, entonces es una necesidad, no un deseo.[45] No importa si pensamos en nuestras necesidades en determinado momento, o si somos conscientes de ellas, existen e influyen lo que hacemos y no hacemos, cada minuto de nuestras vidas.

Es común que quienes se preparan para negociar contemplen "la ganancia" o un acuerdo que suponga el peor de los casos. Sin embargo, estudios demuestran que quienes identifican sus objetivos o aspiraciones, tienen mejores resultados cuando negocian,[46] sobre todo si son "optimistas, específicas y justificables".[47] ¿Cómo encontramos estas aspiraciones? Identificando nuestras necesidades.[48] Cuando establecemos objetivos, a partir de lo que realmente necesitamos, negociamos desde la claridad y convicción que nos llevan a aspirar más.[49] Nos manejamos con más confianza y preci-

sión. Me preguntan mucho: "¿cómo sabes cuándo concluir una negociación?, ¿cómo te mantienes firme en tu objetivo?, ¿cómo pides
más y con confianza?". Mi respuesta es siempre la misma: para negociar es preciso comprender por completo tus necesidades más
profundas. Tus necesidades son tu claridad y fuerza.

En cambio, cuando negociamos o navegamos por la vida sin entender nuestras necesidades no tenemos timón. Estamos sentados
en el kayak sin el remo, a merced del viento y las olas. Nos sentimos
dispersos, desorganizados y en pánico. Nunca encontramos nuestro
destino porque no sabemos a dónde ir.

Aunque nuestras necesidades son esenciales para negociar, no
las vamos a conocer a menos que planteemos las preguntas correctas. Y en este capítulo, aprenderás cómo.

Identifica tus necesidades

"¿Qué necesito?" es una pregunta clave. Así se llega a la raíz de
cualquier problema o negociación. Y para responderla a detalle, se
requiere práctica y paciencia.

En esta sección te preguntarás qué necesitas y anotarás tu respuesta. Vamos a repasar las distintas necesidades que surgen al responder. Y para concretarlas y ponerlas en acción, propondré un par
de preguntas clave para darles seguimiento. Quiero que materialices
tus aspiraciones con seguridad. También estudiaremos cómo descubrir las necesidades que has ocultado de ti mismo, y qué hacer
cuando tus necesidades entran en conflicto.

Tu turno frente al espejo

Quiero que comiences este ejercicio pensando con calma qué necesitas. Sugiero que anotes tus respuestas antes de que entremos
al tema de las necesidades humanas en general. Acomódate, apaga
el teléfono y dedícate a verte en el espejo. Reserva cinco minutos

para escribir lo que te venga a la mente. Recuerda, ¡no te censures! Si te pasa por la mente, aunque sea un segundo, anótalo, tal como lo pienses. Y si no se te ocurre nada, está bien. Siéntate en silencio unos minutos. Regálate paciencia y tiempo (son sólo cinco minutos) para responder: *¿Qué necesito?*

Si escribes pocas cosas y te sientes estancado, imagina que te pregunto: "¿qué más?" o "¿me das más detalles [sobre lo que escribiste]?" No te detengas hasta que se cumplan los cinco minutos.

Es humano tener necesidades; entenderlas, divino

Empecé este capítulo así porque quería darte la libertad de responder esta pregunta a solas antes de ofrecerte datos duros y más ejemplos de las necesidades de otros.

Así que ahora que reflexionaste vamos a analizar el concepto de necesidad en términos más generales, ¿qué son?, ¿cómo las contemplamos?, ¿cómo entender qué necesitamos y qué implica cuando negociamos?

El problema: confundimos las necesidades con otras cosas

Tenemos tan poca práctica identificando nuestras necesidades que las confundimos con otras cosas. Éstas son distintas de nuestras emociones, por ejemplo. Si una situación te genera un sentimiento, en general se debe a que tienes una necesidad satisfecha o no. Los sentimientos surgen a raíz de nuestras necesidades.

Cuando negociamos, es común confundir necesidades con posturas o exigencias. Por ejemplo: "He esperado diez años para que me asciendan a vicepresidente, me toca. El próximo ascenso en nuestra división debería ser para mí". "Yo siempre organizo las salidas con los niños, hoy no lo voy a hacer". Y en un caso legal, los documentos del caso contienen demandas como: "Incumplió el contrato y debe una remuneración de 50,000 dólares".

El desafío de identificar nuestras necesidades radica en que no son siempre explícitas. Entonces nos centramos en nuestras exigencias, es más fácil identificarlas porque suelen asociarse con dinero o algo tangible.

¿Entonces cuál es la diferencia entre necesidades y exigencias? Las necesidades son el porqué de nuestras exigencias. Cuando descubres tus necesidades revelas información muy valiosa que te ayuda a negociar mejor con tu contraparte.

Las necesidades humanas al negociar

Después de dedicar más de una década mediando conflictos de todo tipo, he visto cómo surgen muchas de las necesidades humanas elementales una y otra vez. Pero las necesidades son igual de variadas y diversas que los seres humanos. Expertos de muchas disciplinas, antropólogos, psicólogos y abogados, han estudiado y creado mecanismos para organizarlas y estudiarlas.

En esta sección, voy a tratar varias categorías de necesidades que experimentamos los seres humanos. Según una investigación psicológica, trascienden el género, la cultura y el tema.[50] Comenzaremos con las necesidades físicas elementales y después cubriremos las sociales, emocionales y de otro tipo. Repasemos cada categoría brevemente e identifiquemos cuál te suena.

Necesidades biológicas elementales: primero lo primero

Como seres humanos, nuestras necesidades más fundamentales son físicas: alimento, ropa, refugio, sueño, sexo, aire y agua. Para muchos, éstas son lo primero. Es preciso satisfacerlas antes de poner atención a otras importantes, como el desarrollo financiero o la satisfacción personal.

He sido testigo de la autenticidad de "primero las necesidades físicas". He visto muchos casos en la corte civil de la ciudad de Nueva York en los que una de las partes en una disputa no tiene seguridad alimentaria o es indigente. Recuerdo un caso en el que un arrendador demandaba a un antiguo inquilino por adeudo en las rentas. La corte nos pidió que interviniéramos para que las partes negociaran. Llevamos a ambas partes a la sala de mediación en el juzgado, el acusado estaba sentado en silencio en un lado de la mesa, acurrucado y temblando, aunque la temperatura en la sala era cálida. Cuando fue su turno de hablar, tímidamente nos pidió un momento para ordenar sus ideas. Mis alumnos leyeron la situación y solicitaron una sesión privada (una estrategia en la que hablamos a solas con cada parte) para hablar sin presión de la otra parte. Una vez a solas, el antiguo inquilino se sinceró. Nos contó que era indigente y que incluso antes de eso, había pasado hambre. Dijo: "No quiero ser dramático ni nada, pero les juro...es difícil pensar cuando el refrigerador está vacío". Admiré el esfuerzo que hizo este hombre para participar en la negociación, pese a que sufría y tenía hambre. Decidimos que lo mejor era vincularlo con los recursos para ayudarlo a satisfacer sus necesidades físicas más elementales. Le dejamos el número de nuestra Clínica de Mediación para que nos llamara cuando estuviera en mejores condiciones y listo para negociar su caso.

Esta relación entre el hambre y el conflicto es un problema global.[51] David Beasley, director ejecutivo del Programa Mundial de Alimentos afirma que: "La relación entre el hambre y el conflicto es tanto sólida como destructiva. El conflicto genera inseguridad alimentaria.[52] Y la inseguridad alimentaria también puede fomentar inestabilidad y tensión, que detona violencia".[53] En palabras de Beasley, en el mundo 60% de 815 millones de personas que padecen inseguridad alimentaria crónica viven en zonas de conflicto.[54]

Incluso si no padecemos inseguridad alimentaria ni las consecuencias de la guerra, todos compartimos necesidades básicas. Las necesidades fisiológicas son el motivo por el que, cuando intervengo en disputas, me aseguro de que haya suficiente comida, bebidas y descansos. Es difícil concentrarnos cuando no satisfacemos esas necesidades físicas. Cuando negocies no descuides la comida, el agua y el descanso: en tu caso y el de los demás.

Necesidades de seguridad

La siguiente categoría de necesidades es la seguridad, que incluye estabilidad económica y seguridad. Para los seres humanos estos intereses son más urgentes que los que discutiremos más adelante.

La seguridad o sentirse protegido del peligro, es una necesidad fundamental para todos los seres humanos. En una ocasión invité a diplomáticos de Kosovo a la Facultad de Derecho de Columbia a hablar sobre el proceso de paz que dio origen a su nación. Todos coincidieron en que su "libertad" o soberanía comenzó hasta que los ciudadanos de Kosovo, que habían vivido asolados por la hambruna y la violencia, estaban alimentados y seguros; sólo hasta que disminuyera el miedo podían comenzar a pensar en el progreso o la situación política. Si tu lista de necesidades incluye factores básicos como la seguridad, hay que atenderla primero antes de las secundarias que detallo más adelante.

La necesidad humana de sentirnos seguros también afecta buena parte de nuestras decisiones e inquietudes diarias. En la cotidianidad algunos somos lo que denomino "negociadores seguros", es decir, valoramos la certeza y reducir los riesgos por encima de ahorrar dinero y otras necesidades.

En un taller de negociación que impartí a funcionarios del gobierno de los Estados Unidos, una participante, Mikayala describió una interacción frustrante que había tenido recién con su marido a propósito de la guardería de su hijo. La agencia en donde trabajaba estaba implementando la reducción del trabajo a distancia, por lo que ambos debían buscar una guardería. Encontró una hermosa y segura cerca de casa que tenía un lugar disponible. Estaba en el rango de precio más alto que habían contemplado, pero cumplía con todas sus necesidades, y ella estaba lista para concretarlo. A él en cambio lo detuvo el precio, insistió en buscar algo un poco más económico. Desesperada, Mikayala les contó a sus colegas.

—Parece que privilegias la seguridad por encima de ahorrar —comenté.

—Sí, es verdad. Siempre. Me preocupo cuando se trata de una decisión importante. ¿Y si la guardería se llena? ¿Y si no encontramos nada mejor? Prefiero formalizarlo. Fue lo mismo cuando buscamos casas. Cuando encontramos la que cumplía con nuestros requisitos, ya no quise buscar. Fue un alivio concretarlo.

Para esta funcionaria era prioritario asegurar un lugar en la guardería. Y para su esposo, economizar. Negociaron con la guardería para que les diera oportunidad de decidir. Mikayala y su esposo acordaron que, si en ese tiempo no encontraban otra más barata que gustara a los dos, elegirían la primera y verían la forma de ahorrar en otros rubros. Mikayala se relajó cuando establecieron una fecha límite con la guardería y su marido sabía que ahorrarían con cualquier decisión.

La seguridad financiera completa la lista de necesidades fundamentales. El dinero nos permite comprar lo indispensable para vivir: comida, seguro médico, guarderías y una red de seguridad para emergencias. Cuando la gente negocia su sueldo o contrato, quizá tengan en mente necesidades específicas que garantizarán con ese dinero. Si las necesidades económicas de un individuo son apremiantes, valorarán la estabilidad en ese rubro por encima de todo, incluida la calidad de vida. Veremos más adelante cómo el dinero también se relaciona con otras necesidades menos concretas.

Necesidades psicológicas y emocionales

¿Crees que se puede prescindir de la psicología y las emociones cuando negocias? Te equivocas. Todas las negociaciones, incluso las financieras, implican necesidades psicológicas y emocionales. Por ejemplo:

Pertenencia y amor: aceptación, cariño, apoyo social, pertenencia, intimidad, afecto y afiliación (sentirse parte de un grupo, ya sea en el trabajo, con los amigos o en casa).

No sorprende que estas necesidades surjan en las negociaciones personales. Necesitamos el amor y apoyo de nuestro entorno como pocas cosas. Me han preguntado si el amor, la pertenencia y la estima se manifiestan en las negociaciones profesionales. La respuesta es: sí, siempre. En mi experiencia, es común que se pida dinero, en una demanda, por ejemplo, porque no se puede asegurar el amor, el reconocimiento o la aceptación. Dedicamos mucho tiempo en el trabajo y hay estudios que demuestran que, sentir que pertenecemos, ya sea por amistades o vínculos, condiciona mucho nuestra felicidad y productividad.[55]

Valor, incluye tanto la autoestima (dignidad, orgullo, logros, satisfacción) como apreciar a los otros (respeto, reputación, reconocimiento o estatus). Una de las cosas que más me gustan de ayudar a la gente a negociar es ver el orgullo y la satisfacción cuando logran un resultado muy positivo. De hecho, es muy probable que la necesidad de autoestima te haya motivado a comprar este libro. Tú también quieres más orgullo, logros y satisfacción en tu vida. Si es tu caso, sigue leyendo: en el próximo capítulo explico cómo convertir estas necesidades tan poderosas en un plan de acción que te acerca a materializarlas.

Las necesidades de reconocimiento se relacionan con las negociaciones personales, empresariales y diplomáticas. En esta categoría hay cuatro fundamentales: respeto, dignidad, reconocimiento y reputación.

Nunca he presenciado una negociación en la que el respeto no haya sido clave para el éxito. Me refiero a la admiración que le tenemos a alguien o la consideración hacia sus sentimientos, derechos o deseos.[56] John Gottman, quien estudia el matrimonio y lleva décadas enfocándose en el respeto, descubrió que la falta de éste en una pareja[57] es uno de los "Cuatro jinetes del Apocalipsis" que predice el divorcio.[58] Del mismo modo, en los negocios, investigaciones concluyen que cuando la gente se siente respetada, es más probable que respete.[59] El respeto genera confianza y acuerdos.[60]

La dignidad es clave en cualquier situación. En algunas culturas se interpreta como preservar el respeto frente al otro.[61] Durante toda su vida el ser humano anhela tener autoestima y amor propio,[62] que esa necesidad se satisfaga es esencial para su bienestar y sus ganas de vivir.[63] El asilo asistió a mi padre a hacer un último viaje a su casa para convivir con su familia, al verlo bajar del auto con dificultad, me sorprendió y conmovió ver que tenía un ramo de flores en la mano. Patricia, la enfermera, le preguntó si quería llevarle flores a su esposa, ya que la visita era durante la cena. Él respondió que sí y ella lo llevó a comprar unas. Pese a su enorme debilidad física la enfermera lo ayudó a preservar su dignidad.

La dignidad también es esencial en el lugar de trabajo. Diplomáticos de alto nivel me han contado que si afrontas a alguien públicamente, es una ofensa contra su dignidad. El resultado de la humillación es una reacción de enojo intenso y actitud defensiva que dificulta llegar a un acuerdo. Los diplomáticos versados en negociación saben que, si van a tener una conversación difícil con alguien, es mejor tenerla en privado. Un diplomático contó que en una relevante negociación multinacional, que concluyó en la madrugada porque un líder se sintió insultado, "Él salió del edificio enojado. Lo seguí para hablar con él fuera de la sala, le aseguré que respetaba su necesidad y quería ayudar. Lo terminé convenciendo. Reconocer su dignidad salvó una importante iniciativa pública que hubiera afectado a todo el mundo.

En esta categoría, otra necesidad importante es el reconocimiento. Lo he visto en casi todos los casos que he mediado en el curso de mi carrera. En esencia, muchos asuntos personales se reducen a la necesidad individual de ser reconocidos por lo que aportan a la relación. Del mismo modo, en situaciones profesionales, cuando la gente siente que no se escuchan sus opiniones, se vienen abajo las negociaciones y organizaciones. Si una de las personas que toma las decisiones reconoce cada punto de vista, en la medida de lo posible, es más probable que convenza a todos, aunque no todas las opiniones se contemplen en la iniciativa que se está discutiendo.

Por último, para la mayoría de los implicados en una negociación, su reputación es sumamente importante. Durante muchas negociaciones, la reputación surge como una necesidad fundamental y, aunque en ocasiones no es tan evidente, hay que saber reconocerla. Para muchos que me consultan para negociar su sueldo, si bien el dinero satisface las necesidades de la vida también contribuye a cimentar su reputación. Si la negociación que tienes en puerta es la primera de muchas similares que te esperan —por ejemplo, empiezas a negociar con clientes sobre tu nuevo producto o servicio— quizá te importe tu reputación como líder de la empresa o la de tu producto en el mercado.

Un agente de talentos recordó cuando negoció las cláusulas de un contrato de uno de los primeros actores que representó. El agente era nuevo y se dio cuenta de que estaba siendo inflexible y desesperando a la productora. Pero insistió. ¿Por qué? Si para negociar la reputación es importante (muchas veces lo es), tómate un momento para considerarlo.

Necesidades de autodeterminación, entre ellas libertad o autonomía. Los seres humanos tienen la necesidad de saber que tienen el control sobre sus propias decisiones en la medida que lo permita la ley o las reglas de una organización (¡incluidas las familias!).[64] Incluso si negocias con alguien que no tiene el poder de tomar sus propias decisiones, como un niño; escuchar y hablar, ofrecer varias posibilidades, puede contribuir a satisfacer estas necesidades de autodeterminación.[65]

En conjunto, estas necesidades psicológicas y emocionales dominan la mayoría de las negociaciones legales, empresariales, familiares, comunitarias y diplomáticas que experimentamos a diario.

Otras necesidades

Las siguientes necesidades completan nuestras categorías:

- **TRASCENDENCIA.** Valores que trascienden al individuo (es decir, fe religiosa, experiencias místicas y ciertas experiencias con la naturaleza, labor social, experiencias estéticas, experiencias sexuales, la ciencia, etc.)
- **COGNITIVAS.** Conocimiento y entendimiento, curiosidad, exploración, necesidad de sentido y predictibilidad.
- **ESTÉTICAS.** Apreciación y búsqueda de la belleza, el equilibrio, la forma, etcétera.
- **REALIZACIÓN PERSONAL.** Cumplir el potencial personal, buscar crecimiento personal y experiencias transformadoras.

Reconocer mis necesidades de realización personal resultó en el libro que tienes en tus manos. Hace dieciocho años, cuando estudiaba en la Facultad de Derecho de Columbia, estaba sentada en una sórdida sala de conferencias de una corte de la ciudad de Nueva York y experimenté uno de esos momentos transformadores que vemos en las películas. Me había inscrito a un curso llamado Clínica de Mediación, porque me lo recomendó una amiga: "implica hablar mucho, te va a gustar". Mis profesores me dieron un breve curso de mediación y después me mandaron a la corte a mediar mi primer caso.

Ese día, cuando los interesados se sentaron frente a mí y empecé a ayudarles a resolver su disputa entendí, con total claridad, de que para eso había venido a este mundo. Supe que, ayudando a las personas a negociar mejor, alcanzaba mi máximo potencial. Nunca me había sentido tan plena. El siguiente semestre fui profesora asistente en la clínica y ayudé a otros alumnos a mediar mejor. Me fascinó.

Cuando me gradué de la Facultad de Derecho de Columbia entré a trabajar a uno de los despachos de abogados más prestigiosos del país. Me gustaba mi trabajo y apreciaba a mis colegas. El sueldo era bueno. Mis padres estaban contentos porque había encontrado un trabajo estable. Sin embargo, anhelaba algo más. Recordé aquel día en la corte y me di cuenta de que necesitaba esa satisfacción que había sentido cuando ayudaba a las personas a resolver conflictos y a mis alumnos a conocer su potencial. Sabía que regresar a Columbia a dar cátedra de mediación me permitiría crecer. Mientras escribo esto sé que reconocer mi realización personal me llevó a tomar la mejor decisión de mi vida: renunciar a un prestigioso despacho de abogados, dar clases y mediar. Todos los días despierto satisfecha con mi trabajo.

Cada quien prioriza distintas necesidades

Si bien creemos que priorizamos las necesidades elementales concernientes a la seguridad y el bienestar, éstas no son universales. Los seres humanos valoramos cosas distintas. Hay personas que priorizan las necesidades espirituales por encima de la estabilidad económica. Una vez medié un caso legal que implicaba a una organización religiosa. La familia de un difunto demandó a la organización a la que perteneció por incumplimiento de contrato. La familia alegaba que en vida, el difunto, un querido y devoto miembro de esa fe, les aseguró que la organización lo enterraría si no tenía los medios para cubrir los gastos funerarios. Al morir, la familia contactó a la organización para confirmar que había sido miembro de su congregación, pero nadie respondió. Con lágrimas en los ojos, la familia contó que el cuerpo esperó un mes en la morgue hasta que juntaron el dinero para enterrarlo.

En este caso no había contrato escrito, pero la abogada de la organización, que profesaba la misma fe, me aseguró desde el principio de la mediación que si lo que alegaba la familia era cierto, la organización tenía la obligación moral de hacer un pago, sin importar lo que dijera la ley. Las necesidades espirituales de la organización triunfaron por encima de las económicas o legales.

Más allá: necesidades tangibles e intangibles

Ya que revisamos estas categorías, ¿con cuál te identificas? ¿Se te ocurren otras necesidades que no mencioné? En ese caso, anótalas.

Cuando hayas terminado tu lista, analizaremos lo que escribiste para que entiendas a cabalidad tus necesidades. Vamos a formular pasos factibles para satisfacerlas. El primer paso es categorizarlas, dividirlas en dos: tangibles e intangibles.

Tangibles

Comencemos con las necesidades tangibles. Se trata de cosas que puedes tocar, sentir, ver o contar: clientes, dólares, títulos, pinturas, tiendas, calificaciones, trabajos, unidades, objetos, etcétera. Si te preguntas qué necesitas y nombras artículos tangibles como "más dinero", "que me asciendan a vicepresidente" o "clientes nuevos", es buen comienzo. Asegúrate de mencionar todo lo tangible que puedas.

Sin embargo, aquí no termina nuestra labor porque al considerar tus necesidades queremos ir más allá de lo tangible. Revisa los elementos tangibles en tu lista y plantea estas preguntas de seguimiento:

"¿Por qué es importante?"
"¿Qué representa para mí?"

Estas preguntas te permiten entender por qué necesitas lo que elegiste. Cuando sepamos el por qué, entonces en los capítulos siguientes podemos preguntar cómo. Por ejemplo, quizás empieces con algo concreto como: "Este trimestre necesito cinco clientes nuevos". Cuando te preguntes por qué es importante, quizá te des cuenta de que: "Necesito más clientes porque implica mayor seguridad financiera" o "Necesito retos y sentir que progreso". Muy bien. Cuando vas al fondo de lo concreto descubres tus necesidades y valores más profundos. Emplearemos eso para diseñar tu solución.

En ocasiones las necesidades tangibles representan algo más, son parte de algo más complejo. Es preciso desenterrar lo tangible para descubrir las necesidades más complejas que ocultan. Por ejemplo, cuando pregunté a Walden, CEO de una empresa emergente de productos de bienestar, cuáles eran las necesidades de su empresa, lo primero que respondió fue: "Entrar a las principales cadenas de supermercados y después adquirir una mayor tasa de consumo de los clientes en ciertas ciudades del Medio Oeste". Le pregunté por qué era importante, y contestó: "Se sabe que nuestro producto puede tener éxito en las grandes ciudades A muchos nuevos productos de bienestar les va muy bien en Nueva York y Los Ángeles. Se da por hecho. Lo que distingue los productos que tienen éxito es el alto consumo en el resto del país. Si logramos vender en ciudades como Des Moines, por ejemplo, nuestros inversionistas y el mercado sabrán que llegamos para quedarnos. Y así estaremos en disposición de recibir la próxima ronda de financiamiento". Lo resumí y le volví a preguntar: "¿entonces qué significan las cifras de penetración en las ciudades del Medio Oeste para tus necesidades?". A lo que respondió: "Pues no lo había pensado, pero las cifras del Medio Oeste equivalen a inversión: mantener satisfechos a los inversores que ya tenemos y atraer a nuevos". Y agregamos "satisfacción/atracción de los inversores" a nuestra lista de necesidades, y debajo, "cifras del Medio Oeste".

Como Walden, en cuanto manifiestes esas necesidades más ocultas puedes terminar expandiendo o refinando las necesidades tangibles que comprenden. Cuando reveles por qué son importantes, quiero que te preguntes: "¿cómo satisfacer a mis inversores?". Así, aclararás la necesidad de raíz y generarás una lista completa de opciones para realizarla.

Intangibles

Algunas de las necesidades en tu lista pueden ser intangibles, es decir, ideales, efímeras, pero importantes que dotan de sentido nuestra vida, como muchas de las que mencionamos al principio de este capítulo. Cuando pusiste por escrito tus necesidades tangibles y después las relacionaste con algo más complejo, esas son las necesidades intangibles. Algunas de las más comunes son el respeto, la reputación, el reconocimiento, la comunicación, el éxito, el progreso, el amor, la seguridad, la privacidad y la libertad.

A veces las necesidades intangibles pueden parecer vagas o imprecisas porque no se pueden ver ni contabilizar. Sin embargo, son importantes porque trascienden cualquier tema particular y dan sentido a nuestras vidas. Reconocer las necesidades intangibles puede contribuir a trazar el curso de tu vida profesional y personal. Recuerda que en este libro estamos guiando tus relaciones y tu futuro a largo plazo, y eso no sólo es válido para una negociación. Estás descubriendo tus necesidades personales para obtener resultados más allá de un apretón de manos, un contrato o un abrazo.

Así que, si todavía no has puesto elementos intangibles en tu lista, tómate un momento y piensa en las necesidades que ya anotaste. ¿Alguna de ellas se vincula a una de las necesidades intangibles que mencioné en este capítulo? ¿Se te ocurren otras mientras lees esto?

Si ya las tienes, maravilloso. Ahora queremos pasar a la segunda fase de tu trabajo: concretarlas. Queremos hacerlas factibles, que empieces a materializarlas. Para cada necesidad intangible, te vas a preguntar lo siguiente:

¿Cómo lo visualizo?

Por ejemplo, cuando medio conflictos empresariales, es común que la gente diga: "Necesito que la resolución de este problema sea justa". Mencionan mucho la palabra *justicia*. Cuando pregunto, ¿cómo visualizan la justicia?, empezamos a acercarnos a la so-

lución. El significado de justicia cambia inmensamente para cada
persona. Cuando he planteado esta pregunta, estas son algunas respuestas que recibo:

$200,000.00,
$2,000.00,
un ascenso,
ayuda para agendar consultas de terapia del habla de un niño,
mentoría de un CEO,
una hora de televisión los fines de semana,
un descuento en la tintorería,
derechos electorales,
tiempo libre,
tiempo libre sin los niños,
retirar seis gatos de una propiedad residencial (es en serio),
una mejor ubicación para mi oficina,
una disculpa.

¿Me explico? La justicia puede tener diferentes significados para
ti, según el contexto o el momento. Nunca sabes hasta que preguntas. Entonces, para cada una de tus necesidades intangibles, no olvi-
des preguntar: "¿cómo lo visualizo?". Cuando tengas tus respuestas,
asegúrate de completar tu lista preguntándote: "¿de qué otra forma
haría justicia (o lo que necesites) en esta situación?". Continúa hasta que tengas una lista completa y clara.

Otro ejemplo: Brett está contemplando regresar a trabajar luego de diez años en casa criando a sus tres niños, que ahora tienen
nueve, siete y cinco años. Como antigua consultora de gestión y directora de proyectos, se ha interesado en la consultoría nutricional,
y mientras criaba a sus niños, tomó algunos cursos en línea. Sabe
que quiere su propio negocio y ha generado un grupo de devotos
seguidores en las redes sociales. Brett no sabe qué dirección tomar,
y ahora se siente estancada. Decidió escribir sus necesidades con la
esperanza de tener claras sus ambiciones profesionales.

En su lista incluyó: "progresar". Cuando le pregunté cómo lo visualizaba, respondió: "Mmm, creo que producir algo tangible que la gente pueda consumir. Tal vez crear un PDF con consejos y distribuirlo. Y ver a clientes en persona. No nada más quiero una plataforma en las redes sociales. Trabajar con personas en vivo o por Skype sería un avance". Gracias a mi pregunta pudimos detallar sus necesidades (así como los pasos para materializarlas): producir algo tangible que la gente vea o tenga en las manos y encontrar clientes para trabajar directamente con ellos.

¿Qué hay del dinero?

Las necesidades económicas son reales. El dinero es una de las necesidades básicas y tangibles que nos permite comprar lo indispensable para vivir. Pero también representa otras cosas. En este sentido, también puede ser intangible, procura respeto, reconocimiento, progreso, contribución, logros e incluso libertad.

En el transcurso de los años he hablado con muchas personas en distintas industrias que me han relatado negociaciones financieras que no pudieron cerrar, a pesar de que sus términos fueron razonables, objetivamente, o incluso generosos. ¿Por qué sucede esto? Porque en ocasiones la cifra no se relaciona con realidades económicas o daños y perjuicios, sino con lo que simboliza para la otra parte: necesidad de reconocimiento, deseo de justicia, desamor en una relación fallida.

De modo que, si en tu lista el dinero es tangible, explora qué más significa para ti. ¿Qué valor representa? ¿De qué otra forma satisfarías ese valor? Si se trata de algo intangible, como "libertad económica", pregúntate "¿cómo visualizo la libertad económica?". Así contextualizarás el dinero y sabrás exactamente qué necesitas para materializarlo. ¿Quieres una pensión generosa? ¿Ahorrar un año de sueldo? Si conoces tus necesidades puntuales podrás diseñar tu futuro más allá del resultado de una negociación individual.

Diagnóstico de problemas frecuentes

Si respondes "¿Qué necesito?" y surgen dificultades, consulta estos consejos:

¿Y si estoy estancada?

¿Qué pasa si ya llegaste hasta aquí y sigues en blanco? Si se te está dificultando identificar tus necesidades, tengo dos trucos comprobados:

UNO: ¿QUÉ TE PARECE INTOLERABLE O QUÉ TE MOLESTA MÁS DE TU SITUACIÓN ACTUAL? DALE LA VUELTA Y ESCRIBE LO OPUESTO. Esa es tu necesidad. Por ejemplo, si una de tus dificultades es que no te sientes valorado en tu relación, lo que buscas puede ser que te valoren, respeten o reconozcan. Si estás leyendo este libro porque tu trabajo no te permite un momento de descanso o paz... ya sabes qué necesitas.

DOS: IGNORA LO QUE LOS DEMÁS CREEN QUE NECESITAS. Es fácil dejarse llevar por lo que los demás consideran que necesitamos o lo que creemos necesitar a partir de lo que otros tienen. Si estás estancado porque estás pensando en alguien más, en lo que creen que te hace falta, abórdalo. Enlista tus necesidades, según esa persona, y después deshazte de esa lista. Verlo por escrito te ayudará a separar la realidad de la opinión ajena.

¿Cómo tener en mente mis necesidades si estoy negociando en nombre de alguien más o de una organización?

Puedes aplicar el "¿Qué necesito?" para empresas, instituciones y personas. Ya dimos el primer paso, hicimos una lluvia de ideas para poner por escrito tus necesidades. Ahora me gustaría ahondar en ellas para desglosarlas según distintos papeles, roles o identidades que posees, a las que me gusta llamar "sombreros".

¿Cómo nos aseguramos de incluir todos nuestros papeles o "sombreros"? piensa en tus (1) responsabilidades; (2) identidades y (3) papeles, formales o informales. Por ejemplo, Keisha, profesora y madre de una niña con autismo está negociando con un distrito escolar el plan educativo para niños con discapacidades para su hija Imani. Cuando se sienta a negociar piensa en sus necesidades como (1) madre de Imani quien no puede articular sus propias necesidades; (2) líder local de la organización de padres y maestros para la educación especial, que trabaja en representación de todos los niños de la ciudad, y (3) educadora que valora el papel y la experiencia de los profesores. Al reconocer todos estos papeles Keisha decidió qué quería (una enfermera personal para Imani y terapias diarias) y cómo debía argumentar para incluir a los demás maestros en la negociación.

Del mismo modo, si representas a una organización, tendrás necesidades personales e institucionales, como Lilia, en la anécdota con la que comenzó este capítulo.

En resumen, desglosar todas las identidades que llevas a la mesa cuando negocias tiene varios fines: primero, nos permite expandir nuestra lista de necesidades para tener mejores resultados. Segundo, nos ayuda a identificar los roles que adoptamos; algunos incluso nos sorprenden. Por último, señalamos intereses que parecen estar en conflicto; en mi experiencia, las necesidades personales antagónicas son la causa primordial de conflicto y estancamiento.

¿Qué pasa si tengo necesidades incompatibles?

Cuando descubres tus necesidades es posible que algunas parezcan ser antagónicas. Por ejemplo, si estás contemplando cambiar de trabajo, de una empresa grande y sólida a una emergente, puedes

anhelar al mismo tiempo el crecimiento profesional que implica
lanzar una nueva empresa al mercado y la necesidad de mantener
estabilidad financiera para tu familia. ¡Ese es un gran descubrimiento! Te dará una pista de por qué no has podido tomar una decisión.
Escribe ambas necesidades. Cuando reconocemos esta incompatibi-
lidad —a muchos nos ocurre— entonces podremos revelar si realmente se oponen o más bien, hay forma de satisfacer ambas. Pista:
en general, se puede lograr.

Si abriste este libro porque te sientes estancado en el ámbito
personal o profesional, revisa tu lista de necesidades y pregúntate si algunas parecen incompatibles. Si es así, este conflicto interno
puede resultar en: (1) sensación de estancamiento y (2) conductas
o sentimientos encontrados. Confírmalo identificando las necesidades antagónicas y concrétalas.

Cuando definimos las necesidades a partir de nuestros papeles,
identidades o "sombreros" podemos esclarecer conflictos. Recorde-
mos a Brett, quien está contemplando regresar a trabajar después
de varios años en casa con sus hijos, pero no sabe qué dirección tomar. No lo tiene claro. Cuando hablamos de sus "sombreros" y necesidades, lo desglosó así:

Madre	Pareja	Yo
conexión con mis hijos	equilibrio financiero con mi esposo	conexión con otros
enseñar a mi hijo a leer	gestionar la casa	contribución financiera
invertir en su desarrollo	paz en casa	progreso
estar presente mientras estén pequeños	conexión con mi esposo	aventura

Después de desglosarlo, Brett reflexionó y concluyó: "Me preocupa que mi necesidad de conexión con mis hijos no sea compa-

tible con mi deseo de viajar y tener aventuras". Volvimos a repasar esos intereses para ver cómo serían en la práctica.

Cuando Brett se preguntó cómo visualizaba "la conexión con mis hijos", descubrió que así:

- Dedicarles tiempo exclusivo a cada uno.
- Acurrucarnos los sábados, antes de las actividades y los deportes.
- Cenar en familia dos veces a la semana sin aparatos electrónicos.

Cuando abordamos su deseo de "viajar y tener aventuras" así lo definió:

- Un viaje una vez a la semana "sólo para ella", sin la familia.
- Organizar un taller en otra ciudad para otras mujeres que también valoren viajar y generar comunidad.
- Tomar una clase de francés.
- Hacer algo que la saque de su zona de confort.

¿En estas dos listas los dos intereses son irreconciliables? ¿O Brett puede realizar ambos? Cuando ambas la revisamos, de inmediato nos dimos cuenta de que había muchas maneras de satisfacer estas necesidades elementales la mayoría de las veces. Por ejemplo, podía tomar una clase semanal y también hacer tiempo para cenar dos veces a la semana con su familia y sin aparatos electrónicos. Podía acurrucarse con los niños, tener citas con su esposo y también planear un viaje o retiro personal. A veces nuestros intereses entran en conflicto —por ejemplo, la renovación de la cocina puede chocar con ahorrar y seguir aportando dinero al fondo de emergencias—, pero muchas veces, si examinamos nuestras necesidades en la práctica, descubrimos que hay formas de satisfacer ambas (prepárate porque vas a hacer este ejercicio de armonizar tus necesidades nuevamente en la sección de la ventana, cuando interrogues a alguien más).

Una última nota: al igual que los seres humanos, las necesidades evolucionan

Como dice Anaïs Nin: "la vida es un proceso de modificación".[66] Las necesidades, como las personas, nunca son estáticas: siempre cambian. A medida que cambiamos, nuestras identidades y papeles también lo hacen. De modo que nuestras necesidades, como hijos, mujeres, directores, doctores y asesores, también evolucionan a nuestro ritmo.

Mis necesidades como profesora son distintas de hace doce años cuando empecé a dar clases en Columbia. Las necesidades de Walden como CEO de su empresa diferirán al principio (cuando está desarrollando su producto y buscando inversión), de cuando la empresa vaya por su tercer financiamiento y esté expandiéndose en todo el país. Las necesidades de Brett como madre, pareja e individuo cambiarán a medida que evolucione y sus hijos crezcan y se desarrollen.

Si tienes una situación que requiere múltiples negociaciones, tus necesidades van a evolucionar en ese lapso. Si te reúnes con tu contraparte más de una vez, también hazlo contigo mismo.

Para terminar... y una última pregunta

Otro ejercicio muy rápido. Quiero que te tomes un momento para reconocer lo que no has admitido.

¿Qué quiere decir? A veces las necesidades más importantes son las que ocultamos hasta de nosotros mismos. Nos censuramos sin darnos cuenta. Quiero que termines este capítulo haciendo una pausa y preguntándote: ¿Qué es lo peor y menos halagador que necesito en esta situación?

Cuando se lo pregunté a Brett, después de escuchar sus necesidades más "aceptadas socialmente", como cuidar a su familia y la relación con su esposo, hizo una pausa, respiró profundo y desenterró algunas de sus necesidades "secretas". Terminó reconociendo que necesita sentirse realizada fuera de casa. "Sé que no debería darle tantas vueltas a este o... soy mamá, ¿no? Mis hijos son lo más importante, desde luego. Pero extraño sentir que logro algo en el mundo".

Este ejercicio es importante para todos porque solemos censurar lo que necesitamos. Creemos que no es apropiado ni bueno sentirnos realizados, atractivos... o tener dinero. ¿Qué tiene de malo? ¿Por qué es tan difícil admitirlo? Cuando lo ignoramos, terminamos negando una parte de quienes somos, limitando lo que podemos lograr cuando negociamos y reprimiendo lo que podríamos ser.

Ahora que ya respondiste, te pusiste todos tus "sombreros", enlistaste tus necesidades tangibles e intangibles y hurgaste muy en el fondo para concretar, vamos a terminar resumiendo tus necesidades. Revisa tus notas y haz un resumen de un párrafo. Anota las palabras o temas que continúen saliendo. Vas a utilizar este resumen en los próximos capítulos.

TRES

¿QUÉ SIENTO?

Cara era una ejecutiva de alto rango en una empresa trasnacional de productos de consumo a quien se le conocía por su sentido del humor mordaz y personalidad práctica. Llevaba dieciocho años en la empresa, desde que había salido de la universidad, había subido de rango constantemente vendiendo productos de limpieza del hogar y de cuidado personal a cadenas de farmacias y otras tiendas.

El trabajo podía ser estresante y vertiginoso. Pero durante su ejercicio en la empresa, incluso sus colegas y amigos más cercanos nunca la habían visto molesta o llorando. En sus primeras evaluaciones, la crítica constructiva que recibía era que se tomara las cosas "con calma". A medida que fue subiendo de rango, se casó y ahorró con rigor, vivía con mucho menos que su sueldo y sus riesgos financieros eran casi nulos, para comprar la casa de sus sueños con muchos ahorros. Cuando llegó la hora de comprar la casa, me mostró la impresionante hoja de Excel con todas las características que quería y que analizaba qué casas cumplían los criterios. "Hago hojas de cálculo para todo", me contó. Eligió la casa con más palomitas en su documento.

Con el tiempo, Cara tuvo dos niños. Cuando nacieron le empezó a apasionar el estilo de vida saludable y se certificó como nutrióloga. A medida que empezó a preparar comidas saludables para su familia, también empezó a pensar qué clase de productos de limpieza quería usar en su casa y empezó a investigar sobre alternativas naturales. Comparó los productos de su casa con los que vendía en el trabajo y se percató de la incongruencia. Había llegado la hora de un cambio.

En el transcurso de un año, Cara había estado buscando empresas emergentes de productos naturales de limpieza, esperando que se presentara la oportunidad adecuada. Muchas compañías se mostraron interesadas en contratarla. Durante su búsqueda me consultó como coach de negociación —evaluó el mercado, los términos del contrato, los perfiles de los directivos para cada empresa, todo en una hoja de cálculo—, pero rechazó todas las ofertas. Al fin le hicieron una oferta mejor que las otras. La empresa ya estaba en el mercado y en la etapa de desarrollo ideal, era un buen puesto, pero la oferta económica implicaba un recorte de su sueldo en el gigante corporativo en donde trabajaba. Estuvo negociando los términos varias semanas y contemplado si aceptar. Hasta que llegó el momento de decidir: había llegado al límite de la negociación, en términos de la remuneración y la información sobre el futuro de la empresa, debía tomar una decisión. Pero se sintió paralizada. "Ya analicé todo lo que puedo, pero por alguna razón no puedo decidirme". La empresa emergente le dio una semana para saber si aceptaba el puesto o no.

En este punto Cara mencionó de pasada, durante una de nuestras llamadas de consultoría, que no había podido levantarse de la cama esa mañana. De hecho, había tenido que suspender su membresía del gimnasio, llevaba meses con dolor muscular debilitante al punto de quedarse confinada en cama varias veces. Sus médicos le hicieron todos los estudios posibles y todos habían salido negativos. Ese día el dolor le había impedido preparar el desayuno.

Era mi oportunidad. Respiré profundo y le pregunté: "¿cómo te sientes al respecto de esta decisión?" Mi cliente práctica, que había hecho todos los análisis comparativos posibles sin sentimentalismo alguno, por fin se sinceró y se permitió contemplar los sentimientos que experimentaba a raíz de esta decisión. Sabía que cambiarse a una empresa emergente implicaría una reducción de salario, y llevaba años preparándose para resistir ese golpe a sus finanzas. Pero nunca había anticipado la ansiedad que sentiría por dejar la seguridad que la había sostenido los últimos dieciocho años, a cambio de un riesgo financiero capaz de alterar a su familia a corto plazo, aunque con la esperanza de beneficios a largo plazo. Tampoco podía ignorar la culpa que la aquejaba porque en su trabajo actual no vendía productos que usaría con sus hijos. Me contó que la compañía había desarrollado un producto en el que no creía y, sin embargo, tuvo que llamar a posibles compradores para venderlo. Colgaba con náuseas después de cada llamada.

Anotar estos sentimientos en sus hojas de cálculo fue esclarecedor. Comparó su ansiedad monetaria con las cifras: se recordó que estaba más que preparada a corto plazo para la reducción de salario y que, gracias a su investigación sobre la empresa emergente, tenía evidencia sólida de que cuando la absorbieran, terminaría ganando más. Entendió que esta ansiedad financiera era natural, pero probablemente temporal. La anticipación del golpe podría ser peor que la realidad.

Reconoció la culpa que le despertaban los productos que vendía. Sabía que esta culpa, a diferencia de la ansiedad financiera, persistiría hasta que trabajara para una empresa más acorde con sus valores. Cayó en cuenta de que llevaba años albergando dicha culpa. No podía seguir vendiendo a familias productos que no usaba con sus hijos.

Esta ejecutiva, que se preparó meticulosamente para esta negociación laboral y analizó todos los datos duros disponibles, ni siquiera se había dado cuenta de que primero debía negociar consigo misma por los sentimientos que experimentaba. Con esta revelación sobre sus sentimientos, llamó para aceptar el trabajo. El dolor desapareció casi de inmediato. Un año después, superaba las optimistas marcas de ventas que su empresa le había fijado. Me contó que atribuía este éxito en gran medida a lo feliz que era en su trabajo. Creía en los productos y los vendía con una energía y entusiasmo que no había sentido en años.

"Los sentimientos son hechos"

Cuando empecé a estudiar negociación, mi mentora Carol Lieb-man, me enseñó que los sentimientos son hechos. Eso no quiere decir que los sentimientos son una realidad igual de objetiva que el tiempo, el peso o la temperatura, sino que son reales, existen y en cualquier negociación debemos abordarlos. Los sentimientos dictan cómo percibimos la realidad y tomamos decisiones a cada paso.

No podemos prevenir experimentar sentimientos cuando nego-ciamos. Alguna vez leí un artículo que comparaba la emoción hu-mana con un volcán. Los volcanes son generadores: crean islas que dan vida a flora y fauna. Pero también pueden ser destructivos. La lava puede destruir lugares y la vida. Al igual que los volcanes, no es posible detener la erupción de las emociones humanas. Pero, con preparación, puedes dirigir el flujo de lava al mar y no a la aldea, así aprovechando el beneficio y minimizando el daño.

Es común que tratemos de ocultar nuestros sentimientos o ne-gar su existencia, pero siempre me ha parecido (e investigaciones me respaldan) que esta práctica es más destructiva que útil, es más productivo encararlos. Cuando ponemos un espejo frente a nues-tros sentimientos suceden dos cosas: primero, disipamos la niebla o confusión que rodea un conflicto o decisión importante, y nos sen-timos empoderados, más organizados; segundo, encontramos in-formación para resolver nuestras dificultades.

En este capítulo vamos a identificar cualquier sentimiento re-lacionado con tu negociación. Además hablaremos de por qué los sentimientos son fundamentales para negociar y cómo cuando los identificamos podemos negociar de manera más eficaz. Te ayu-daré a escuchar tu voz interior, sin emitir juicios, para que pongas por escrito todo lo que sientes, no lo que tu madre cree que debes sentir. Juntos vamos a dar seguimiento a tus primeras ideas para asegurarnos de que ya contemplaste todo lo que sientes. Y te daré estrategias para saber cómo gestionar tus sentimientos cuando empieces la fase de la ventana y hables con alguien frente a frente.

Como siempre, la preparación empieza en casa, contigo.

Te toca ponerte frente al espejo

Ahora te toca verte en el espejo. Recuerda, ya identificaste tus necesidades. Ya tienes una idea del problema que quieres resolver y qué necesitas de la situación. Ahora te vas a adentrar en tus sentimientos. Como en los otros casos, quiero que te acomodes en donde puedas pensar tranquilamente. Los próximos cinco minutos piensa *"¿qué siento?"*, y escribe tus respuestas.

Lidiar con los sentimientos cuando negocias

En este capítulo vamos a hablar de sentimientos, o como me gusta decirles, "los innombrables". A veces, en un contexto profesional la gente baja la guardia cuando se trata de sentimientos, incluso personales.

Tiene sentido. Durante años, nos han enseñado que para negociar, los sentimientos —positivos o negativos— no son productivos. Hay que evitar tenerlos, y si lo hacemos, esconderlos y negociar basados en los hechos.

Pero lidiar con ellos es clave para una buena negociación. ¿Por qué son esenciales? Por dos factores importantes:

1. **EN UNA NEGOCIACIÓN SIEMPRE FIGURAN LOS SENTIMIENTOS**
   Recuerda que toda conversación en la que diriges una relación es una negociación. Negocias cuando gestionas tus relaciones con colegas, clientes, directores, pareja, hijos y la persona que te chocó la semana pasada. Una relación es un momento (breve o extenso) de conexión con otro ser humano o grupo. Como seres humanos, también tenemos relaciones con nosotros mismos.

Cualquier relación o vínculo que involucra a seres humanos, sin importar si es profesional o un encuentro breve y casual, conlleva sentimientos. Tenemos la costumbre de pensar que sólo afectan nuestra vida personal, como en el contexto de nuestras relaciones familiares, pero no distinguimos que están presentes en cualquier negociación (si en algún punto a todos nos sustituyen las computadoras, entonces la cosa cambiará), no importa el tema, si estás negociando en representación de una institución o una persona, o si eres una persona "emotiva". Si en tu negociación participa gente (tú), entonces es personal y los sentimientos formarán parte de ella.

Si los sentimientos siempre están presentes, ¿acaso no tiene sentido reconocerlos y trabajar con ellos?

2. **LOS SENTIMIENTOS DICTAN CÓMO TOMAMOS DECISIONES Y OTRAS APTITUDES CUANDO NEGOCIAMOS.**
Los sentimientos son importantes en una negociación porque nos ayudan a decidir,[67] si algo es importante o no. El neurocientífico Antonio Damasio estudió a un grupo de pacientes con discapacidades en la parte derecha del cerebro (que controla las emociones), pero cuyas funciones cognitivas estaban intactas, y descubrió que no podían decidir.[68] Explicaban que la lógica les dictaba lo que debían hacer, pero ni siquiera podían decidir qué cenar.[69] Sin la capacidad de decidir estaríamos perdidos cuando negociamos.

Las emociones también rigen la innovación y la creatividad: investigaciones psicológicas revelaron que las emociones positivas, como la compasión o la gratitud, incrementan la capacidad de calcular las circunstancias con más precisión y nos llevan a encontrar soluciones más creativas e innovadoras,[70] todo ello importante para negociar. Las emociones negativas, sobre todo el temor y la ansiedad (las abordaremos más adelante en este capítulo) pueden inhibir esta capacidad.[71] Si reconocemos nuestros sentimientos y los tratamos como cualquier otra información valiosa para negociar vamos a aprovechar esta conexión entre emoción y acción.

La importancia de los sentimientos en las negociaciones profesionales

En ocasiones se pone en duda si en las denominadas negociaciones profesionales —es decir, en el trabajo, en representación de una organización, como una empresa o gobierno— caben los sentimientos. Si quieres cerrar acuerdos en los negocios, diplomacia o cualquier otro rubro, es preciso entender y gestionar tus sentimientos. Andra Shapiro, vicepresidenta ejecutiva y directora jurídica de Cable Entertainment en NBC Universal, trabaja para hacer llegar la programación a todo el mundo. Es común que negocie con guionistas y productores creadores de contenido original para diversas cadenas y plataformas, para comprar o adquirir los derechos de su obra.

A decir de Andra, se cree que en este contexto sólo rige el dinero, y es cierto, la economía está presente en todos los tratos, pero sorprendería la frecuencia con que las emociones ocupan el centro de las negociaciones, sobre todo con los creadores de contenido. "Cuando tratamos con la creación de alguien, es como si te entregaran a un hijo. Es muy emotivo y es preciso respetarlo y entenderlo o los resultados no serán buenos".

Del mismo modo, cuando un trato sale mal, un porcentaje asombroso de esas disputas surgen a raíz de sentimientos que no se examinaron previamente. Un abogado con práctica en meditación me relató su experiencia como socio de un despacho prestigioso. Un gigante trasnacional absorbió a su cliente, pieza clave en la industria estadunidense de la salud. El proceso de adquisición transcurrió sin conflictos hasta que los dos CEO se reunieron para cenar y cerrar el trato. Tuvieron una pelea desproporcionada, en virtud de sus diferencias culturales, el vino y la inseguridad que les generaba el futuro de sus puestos en la organización fusionada. El resultado:

el CEO estadunidense llamó a su abogado el viernes por la noche
para pedirle: "Prepara un borrador de querella inmediatamente, ¡vamos a demandar a esos #@$%$%@!"

El abogado lo escuchó. Pero también sabía que la demanda sería
costosa y poco fructífera. Percibió el conflicto emocional y recordó su práctica de meditación; dedicó el fin de semana a preparar el
borrador y hablar con su cliente, le pidió que le contara más detalles de la cena (nota: encontrarás esta pregunta en la sección de la
ventana). Al final, el abogado propició un espacio emocional para
su cliente y le dio su opinión sobre la cena. El CEO desistió de presentar la denuncia y centró su energía en trabajar para que la empresa fusionada fuera un éxito.

Mírate en el espejo: los beneficios de contemplar tus sentimientos

La mejor manera de prepararte para gestionar los sentimientos que
se hagan presentes al negociar es empezar por identificar los tuyos.
En primer lugar, es información valiosa para negociar. Nuestras necesidades o ideas no son los únicos factores que motivan una negociación, también la emoción que nos genera. Saberlo te ayudará a
entender el grado de prioridad que le quieres dar. Tómate un momento para revisar tus sentimientos, qué te dicen de cómo sostener
la conversación con tu contraparte.

En segundo lugar, cuando reconoces tus sentimientos puedes
idear mejores soluciones. Con una pregunta mágica de seguimiento es posible convertir tus sentimientos en ideas con miras al futuro. Si tienes una emoción negativa, pregúntate: "¿cómo podría eliminar o reducir mi [emoción] en esta situación?".

Por ejemplo, si eres médico y descubres que estás frustrado por
cómo te solicitaron atender a cierta población en tu hospital, quiero
que te preguntes: "¿cómo eliminar o reducir mi frustración en esta

situación?" De este modo, puedes aprovechar tus sentimientos para generar ideas concretas sobre cómo seguir adelante.

Por último, cuando reconoces y expresas tus sentimientos en privado reduces la posibilidad de experimentarlos o expresarlos de forma descontrolada cuando te sientes a negociar con tu contraparte. Investigaciones demuestran que, si nos reprimimos, puede resultar contraproducente al dificultarnos tomar una decisión o nublarnos el juicio.[72] Insisto, es imposible evitar que un volcán haga erupción, pero reconocer los sentimientos y prepararse para lidiar con ellos en una negociación te permite aprovechar su poder y obtener resultados extraordinarios.

Contemplar tus sentimientos brinda alivio y resultados

Stephen es socio principal en un importante despacho de abogados estadunidense. A medida que se ha consolidado en su profesión y se acerca a la jubilación, el despacho le ha pedido que asuma mayor responsabilidad reclutando nuevo talento y siendo su mentor para que los empleados más jóvenes asuman puestos como socios. Hace ocho años llevó a un joven abogado de bienes inmuebles, Craig, quien prometía ser un colaborador brillante para el despacho. Stephen fue su mentor para ocupar el puesto de socio junior, celebró sus fortalezas e identificó rasgos que podía mejorar. Stephen se dio cuenta de que Craig era extraordinario para captar a nuevos clientes, pero en ocasiones se apresuraba e ignoraba el protocolo y papeleo del despacho. Un día, Stephen recibió una llamada difícil, era el socio directivo: Craig había traído a un cliente nuevo con un asunto de bienes raíces que exigía tramitar una demanda en la corte. Según la política del despacho cualquier demanda que se tramitara en la corte debía incluir el nombre y autorización de alguien que fuera (1) socio capitalista y (2) del departamento de litigios. Craig no era litigante, tampoco socio capitalista. Conocía la política y de todas formas tramitó la demanda por su cuenta.

Stephen revisó el documento. El trabajo de Craig era excepcional, pero de haber consultado con él o alguien más en el departamento de litigios, su trabajo hubiera sido un poco más completo. La dirección estaba molesta porque Craig había hecho caso omiso a las políticas internas. Stephen puso en práctica las preguntas del espejo. Sabía lo que necesitaba: asegurarse de que Craig siguiera los protocolos de ahora en adelante y, al mismo tiempo, conservarlo en el despacho y motivarlo para seguir generando clientes. También quería conservar su relación laboral cordial. Por último, como litigante, se sentía responsable de que a su cliente le fuera bien en la corte.

Cuando llegó a "¿qué siento?", las respuestas fueron interesantes. Enlistó algunas emociones que eran bastante obvias:

- Ansiedad sobre la conversación.
- Temor de empeorar las cosas entre Craig y la dirección.
- Alivio ante la idea de enfrentarlo.

Pero mientras reflexionaba, anotó un par más:

- Empatía por Craig.
- Ambivalencia por la política.

Fue una sorpresa para Stephen. Cuando puso por escrito sus sentimientos se dio cuenta de dos cosas: primero, entendía a Craig. Stephen también era excelente para afianzar relaciones con nuevos clientes y resolver sus problemas rápido. Se veía reflejado en Craig y, en el fondo, sabía que sus intenciones habían sido buenas, no perjudicar a la empresa. Anotó todo esto para incluirlo en su conversación con él.

También descubrió que no coincidía con la política incuestionable del despacho. Para llegar a la raíz del problema debía seguir rutas paralelas: con Craig y la dirección, para averiguar si era posible flexibilizar la política o aceptar ideas que contemplaran a sus socios junior.

A veces tememos que, si vemos en el espejo para distinguir nuestros sentimientos, de algún modo empeorará la situación. Pero lejos de ello, al tomarse unos minutos para examinar sus sentimientos, Stephen conectó con Craig, reveló el problema para resolverlo a profundidad e idear estrategias. Si resuelves esta pregunta como Stephen, verás que sucede lo mismo.

Ve el lado divertido

Para concluir con el espejo y los sentimientos, en una negociación es común que cuando invito a los participantes a contemplar sus sentimientos lo hagan con cierto temor. Es como si preguntara: "¿qué sentimientos desagradables estás experimentado?". Por consiguiente responden anotando todo lo negativo que les viene a la cabeza. Por lo que quiero puntualizar con esto: ¿escribiste tus sentimientos positivos? Si no es así, hazlo ahora.

Quiero animarte a ponerte en contacto con tus sentimientos positivos en cualquier negociación que realices. Con frecuencia permitimos que predominen las emociones negativas, pero detrás de esos sentimientos subyacen otros muy positivos sobre las negociaciones que realizamos. Sí, estás nervioso por presentarle el proyecto al cliente o generar una conversación con tu pareja. ¿Pero acaso no te emociona pasar a la siguiente fase de tu carrera? ¿No te alivia la idea de ya no darle vueltas al conflicto en tu mente y aclarar las cosas con alguien? Hace poco planteé esta pregunta a un salón lleno de ejecutivos. Un participante que enfrentaba una negociación financiera muy importante con un empleado, escribió: "frustrado porque sus cifras no son realistas" y "emocionado por mejorar mis aptitudes negociando". Si vemos el lado divertido (alegre, orgulloso, emocionante o triunfal) podemos evaluar mejor cómo nos sentimos respecto a la negociación y reunir la energía para afrontarla.

Seguimiento: resolución de conflictos emocionales

Ya quedó claro por qué tiene sentido considerar los sentimientos cuando negociamos, y ya trabajamos con ello. Ahora vamos a resolver dificultades que surgen cuando observas tus sentimientos. Vamos a ver algunos obstáculos frecuentes y estrategias para remediarlos.

1. **"NO SIENTO NADA SI LLEVO PUESTO UN TRAJE".**
    ¿Estás reflexionando sobre tus sentimientos en un lugar donde puedes responder con honestidad? La primera vez que planteé estas preguntas en las Naciones Unidas me sorprendió el rechazo de muchos diplomáticos de ambos sexos, a quienes se les dificultó responder. Uno de ellos me dijo: "No estoy acostumbrado a pensar en mis sentimientos cuando traigo puesto un traje. En el trabajo sólo siento lo que debo sentir. Lo que pienso no tiene que ver con mis sentimientos.

    Cada vez estoy más convencida de que a muchos nos hace falta hablar de nuestras emociones, pero no nos damos esa oportunidad. Intentamos reprimirlos, sobre todo en el trabajo. No importa si para trabajar te pones un traje, uniforme o shorts. Si te formulas esta pregunta en el trabajo y se te dificulta responderla, intenta ir a un lugar en donde te sientas cómodo explorando tus sentimientos.

2. **"NO SÉ, ESTOY ESTANCADO".**
    ¿Qué pasa si estás estancado y no sabes qué sientes? Tal vez te has hecho esta pregunta y ahora estás en blanco.

    Tenemos la capacidad para pensar en nuestras emociones, pero eso no quiere decir que siempre se nos facilite expresarlas. Estamos tan habituados a reprimirlas o, al contrario, permitir que nos agobien, que a veces es difícil distinguir qué sentimos. He incluido varias estrategias para identificarlas cuando te sientas estancado.

Emociones humanas comunes

Si estás estancado porque no sabes lo que sientes, abajo enlisto algunas de las emociones más comunes. Si bien los seres humanos experimentamos un rango muy amplio de emociones —muchas más de las que plasmamos en este capítulo— también hay algunas que todos sentimos. La doctora Brené Brown y otros expertos en psicología han agrupado las emociones nucleares que podemos examinar y utilizar en nuestras vidas.[73] Debajo encontrarás una lista de emociones que suelen surgir cuando negociamos, algunas las identificaron esos expertos y el resto son mi contribución, tras asesorar las negociaciones de miles de personas.

admiración	desdén	preocupación
aflicción	deseo	rechazo
alegría	dolor	satisfacción
alivio	emoción	simpatía
amor	empatía	soledad
ansiedad	estrés	sorpresa
arrepentimiento	felicidad	temor
asco	frustración	terror
calma	gratitud	traición
celos	humillación	tristeza
compasión	ira	triunfo
confusión	juicio	vergüenza
culpa	odio	vulnerabilidad
curiosidad	orgullo	
decepción	pertenencia	

Si después de leer esta lista quieres aumentar o editar las emociones que abordaste anteriormente, adelante.

Recuerda tus necesidades

Si se te dificulta enlistar tus emociones, recuerda tus necesidades.
A veces son el otro lado de la misma moneda. Regresa al capítulo
2 y revisa tus necesidades tangibles e intangibles. Es habitual que
el conflicto que estas generan sea por lo opuesto que representan.
Por ejemplo, si necesitas mejor sueldo en tu trabajo, te puedes sentir inseguro, infravalorado o incluso molesto porque no te pagan lo
que crees merecer. Si necesitas que te valoren más en tu relación,
te puedes sentir triste, enojado o poco valorado. Si tienes una necesidad imperiosa de aumentar tu lista de clientes, quizá te sientas
estancado o rezagado.

Identifica "el peor sentimiento posible": combate la autocensura

En ocasiones, cuando pregunto a mis clientes qué sienten, descubro que albergan sentimientos que quieren ocultar, incluso de ellos
mismos. Si no tienes claro cómo te sientes, pregúntate: "¿qué es lo
peor que podría sentir ahora mismo?". Me encanta esta pregunta de
seguimiento porque muchas veces suprimimos nuestros sentimientos para evitar sentir vergüenza o autocrítica. No queremos sentir
eso, desearíamos que fueran otra clase de emociones, así que nos
distanciamos de ellas. Pero no desaparecen si los negamos o reprimimos. Sacar a la superficie nuestros "peores" sentimientos (que
pongo entre comillas porque los sentimientos no son buenos ni ma-
los, simplemente son), incluso si parecen poco atractivos, reduce su
influencia y su carga emocional. Cuando pongamos el espejo frente
a ellos tendremos mayor claridad para seguir adelante.

Las dos emociones que más ocultamos

Ahora que hablamos de nuestros "peores" sentimientos quiero compartir dos muy comunes que la gente no acostumbra a expresar cuando está en conflicto. Los he visto tantas veces que ya perdí la cuenta. Procuramos reprimirlos en vano porque siempre regresan, como el monstruo al final de la película de acción, causando caos para el héroe o heroína. ¿A qué me refiero?

A la culpa y el temor.

Les llamo los "dos grandes" porque son las dos emociones que más eludimos y que suelen salir a relucir más que ninguna otra en negociaciones y relaciones. Siempre recuerdo la cita de John F. Kennedy: "No negociemos con miedo, pero jamás temamos negociar".[74] Cuando estés negociando con tu contraparte o discutiendo con tu pareja y se comporten conflictivos, es probable que sea por una de estas emociones.

El año pasado viajé por los Estados Unidos para capacitar muchas de las sedes regionales de la Oficina de los Derechos Civiles del Departamento de Educación. Esta dependencia gestiona demandas que presentan los padres contra distritos escolares en relación con la educación de sus hijos: en términos de emociones, es muy intenso. Cuando en una de las sedes pedí a los investigadores de los derechos civiles que identificaran las emociones más comunes que tenían los padres frente a los distritos escolares, trabajaron una lista breve: ira, desconfianza, rabia. Después pregunté: "¿cómo reaccionarían si les dijera que la mayoría de los padres a quienes atienden también sienten temor y culpa?".

Respondieron con un "Ahh" colectivo y los ojos bien abiertos. Uno de los participantes comentó:

Tiene muchísimo sentido. Apuesto a que los padres se sienten muy culpables. Sí, el distrito escolar comete errores, pero ¿acaso pude haberlo hecho mejor con mi hijo?, ¿por qué no resolví este problema antes de llegar hasta aquí? Y temor... creo que es la emoción dominante. Los padres temen que el futuro de sus hijos peligre a partir de cómo gestionen este caso. Eso los hace cerrarse y se vuelven incapaces de negociar. Ahora que estoy aquí, creo que mucha de la rabia que he visto contra el distrito escolar en el fondo es el temor y la culpa de los padres frente a la situación. Y si lo abordáramos, tal vez desaparecería.

Recuerda esta historia sobre los sentimientos ajenos cuando abordes los tuyos y contempla si se trata de los dos grandes. Es difícil enfrentar las emociones, ¿cierto? Como profesora quiero guiarte para resolver estos desafíos, así que empezaré. Voy a contar una anécdota sobre mis sentimientos y cómo no reconocerlos casi me cuesta una relación familiar muy cercana.

Mi papá era abogado y crecí admirándolo mucho, buscando su aprobación constante. Era escandaloso y algo combativo, alguna vez uno de sus colegas me lo describió como: "el abogado patrimonial y fiduciario más belicoso que haya conocido". Recuerdo como si fuera ayer que a los cinco años le pregunté qué hacía un abogado y él me contestó: "la gente me pide consejos. Les digo lo que en mi opinión deben de hacer y me dan su dinero". Me pareció el mejor trabajo del mundo (con razón veinte años después terminé estudiando derecho).

Siempre anhelé tener una relación más cercana con mi papá, hablar con él con más frecuencia o sobre las cosas que realmente importan. Pero a mi papá nunca se le dieron las conversaciones emotivas o profundas; inventaba cosas del trabajo para llamarme y después cambiaba a temas personales con clara incomodidad: "Mmm, ¿y qué me cuentas?". Nuestro amor por el derecho nos unía. Cuando me gradué de la facultad y gané un premio importante su expresión de orgullo al anunciar mi nombre fue más valiosa que el premio.

Hace tres años, a sus setenta años, mi papá enfermó. Empezó con ligera apatía y cierta distancia y luego olvidaba mi nombre y me enviaba correos con palabras inconexas. Mis hermanos y yo temíamos que se tratara de un derrame cerebral. Llevé a mi papá al

departamento de Neurología de Columbia para una serie de pruebas de memoria. Reprobó todas. El doctor nos dijo que se trataba
de una enfermedad degenerativa sin cura ni tratamiento. Mis hermanos y yo coordinamos las citas y estudios, y trabajamos en conjunto para hacerle frente a la noticia devastadora.

Mi tío Bill, el mejor amigo de toda la vida de mi papá, confiden-
te, defensor y único hermano, siempre ha sido como mi segundo
padre; desde que era adolescente he llamado a mi tío para pedirle apoyo y consejo sensato en situaciones difíciles tantas veces que
he perdido la cuenta. En esta ocasión, mi tío era parte del grupo de
personas que afrontábamos el diagnóstico de mi padre, y no quise
descargarme con él y empeorar las cosas. Él también quiso suprimir
su dolor, y por un tiempo hablamos menos de lo normal mientras
cada uno lidiaba con la noticia. El problema fue que me convencí
de que esa distancia significaba que no le gustaba cómo gestionaba el tratamiento de mi papá. Me sentí temerosa, ¿podría con ello?,
¿podría hacerlo bien? Al fin, en una reunión familiar en donde fui-
mos testigos de la fragilidad de mi papá, mi tío preguntó de forma
inofensiva, informal, si estaría bien reajustar los medicamentos de
mi papá para aliviar algunos síntomas. Enfurecí. Respondí molesta
sin preguntar primero. Le dije a mi tío que mis hermanos y yo estábamos a cargo. Que sabíamos lo que hacíamos y habíamos consultado a los mejores médicos. Que mi papá iba a morir a causa de
esta enfermedad y ningún medicamento podía evitarlo. Y me fui.

Me sentí terrible el resto de la tarde. Mis emociones eran un em-
brollo confuso. Cuando me detuve a preguntarme qué sentía descubrí que lo primero era miedo. Había querido proyectar seguridad, agendar reuniones y hacer las preguntas adecuadas, pero en el
fondo estaba aterrada de organizar el cuidado de mi papá. En muchos sentidos me volví a sentir como una niña. Tenía miedo de tomar decisiones tan importantes cuando ya no contaba con mi papá
—y ahora, mi tío— para pedirle consejo. En segundo lugar, me sentía culpable, en secreto, de no poder hacer más para que mi papá
dejara de sufrir. También me sentía muy mal por haberle hablado

a mis seres queridos de esa forma. Sabía que igual que yo, estaban aterrados y sufrían. Actué a la defensiva en virtud de este temor y culpa; necesitaba la aprobación de mi tío con desesperación, pero lo había pedido de la peor manera posible.

Más tarde esa noche la esposa de mi tío se acercó para hablar. Siempre le estaré agradecida por ello. Nos sentamos en las escaleras y me dijo: "¿Sabes qué? Tu tío y yo nunca habíamos hecho esto, ver cómo la generación más joven toma las decisiones. Estamos un poco perdidos, pero tenemos buenas intenciones". Le di las gracias y le dije: "Yo tampoco he hecho esto. También estoy confundida. Por dentro estoy como loca. Mi papá ya no puede decirme si está de acuerdo con lo que hago, así que necesito saber que confían en mí y me apoyan". Ella me respondió: "Confiamos en ti. Tus hermanos y tú han hecho una labor maravillosa. No quisimos ponerla en duda cuando preguntamos sobre los medicamentos. ¿De ahora en adelante podemos asumir que los dos tenemos las mejores intenciones?" Estuve de acuerdo: "Exageré en mi reacción porque me estoy esforzando de más por controlar una situación sobre la que no tengo ningún control. Empecemos otra vez, por favor".

Gracias a que le hice frente a mis sentimientos y los compartí con total honestidad con mi tía, ambas pudimos reconocer y respetar el temor abismal de los demás. Transformamos un conflicto familiar exigente en una oportunidad para acercarnos. Hoy en día mis tíos son las fuentes principales de apoyo en un momento devastador. Los médicos de mi papá comentaron hace poco que no es frecuente ver a una familia así de unida. A todos nos entristece enormemente que la enfermedad de mi papá empeore, pero encontramos consuelo en el otro.

El último paso: expresa tus emociones cuando negocies

Ya comenzaste a procesar cómo te sientes para prepararte para negociar. La siguiente pregunta lógica es: "¿demuestro esos sentimientos cuando me siente con mi interlocutor?"

Como principio general, creo en la transparencia al negociar. La comunicación clara produce mejores resultados. Y se ha demostrado que expresar emociones positivas como compasión, emoción u orgullo contribuye a estrechar el vínculo con tu interlocutor y multiplica la probabilidad de que quiera ayudarte a cumplir tus objetivos y los propios.[75] ¿Qué hay de las emociones negativas? Voy a analizar las dos que despiertan más dudas: la ira y la ansiedad.

Ira

La ira es una emoción legítima en la vida y la negociación. A muchos, sobre todo las mujeres y personas de ciertas culturas, se les niega sentir o expresar enojo, pese a que reconocerlo y expresarlo puede generar efectos de empoderamiento.

¿Pero qué hacer con la ira cuando negocias? Si negocias enojado, la evidencia demuestra que es más difícil concebir soluciones creativas que beneficien a todos.[76] También es posible que te cueste más trabajo evaluar con precisión las necesidades de tu contraparte (lo discutiremos en el capítulo 6). Si reconoces tu ira con antelación podrás comunicarte con claridad e intención cuando te sientes a hablar con tu interlocutor.

En última instancia, la decisión de mostrar o no tu ira en determinada negociación es tuya. Los resultados de exteriorizarla son mixtos.[77] Si tienes más poder que tu contraparte, entonces es más probable que haga más concesiones a corto plazo.[78] Pero investigaciones demuestran que es menos probable que quiera hacer negocios contigo a largo plazo.[79] Si tienes menos poder que tu interlocutor, entonces demostrar ira puede intensificar el conflicto y propiciar que se estanquen las negociaciones.[80]

Si estás enojado, pero no quieres mostrarlo cuando hables con alguien, expresar una emoción más tenue como la decepción te permite comunicar que estás en descontento, pero minimiza la probabilidad de una reacción y maximiza la oportunidad de obtener lo que quieres de la negociación.

Ansiedad

Otra emoción problemática cuando negociamos es la ansiedad porque puede ocasionar aceptar consejos inadecuados, darnos por vencidos rápido e ignorar nuestras necesidades.[81] Si al principio de este capítulo incluiste la ansiedad en tu lista de sentimientos, la mayoría de las veces es recomendable tratarla a solas y no expresarla en la mesa de negociación (la excepción sería si negocias con un familiar o pareja, y el objetivo es ser por completo transparentes y cercanos).

Contempla si la esencia de la negociación te genera ansiedad (por ejemplo, tu sueldo comparado con el de otros empleados de tu departamento y qué implica para tu futuro en la empresa) o la negociación en sí misma (el acto de ir a la dirección a pedir un aumento).

En cualquier caso, siempre es favorable reconocerla y reflexionar de antemano. Si la esencia del conflicto te genera ansiedad y resuelves estas preguntas antes de negociar, tendrás más información y estarás mejor preparado. Si el proceso de negociar te genera ansiedad, examinarlo te beneficiará aún más. Reconocer tu ansiedad y responder las preguntas espejo contribuirá a moderarla. Negociar siempre implica cosas que no podemos controlar, pero otras que sí: cuando te formulas las preguntas adecuadas afrontas aquello en tu esfera de control.

Otra forma de lidiar con la ansiedad es revisar las preguntas espejo con antelación e imaginar qué respondería tu interlocutor.

Anótalo y piensa en una estrategia: cuando plantees las preguntas, ¿cómo conducirías la negociación?

Para terminar

Ya te viste en el espejo y afrontaste tus sentimientos. Antes de terminar este capítulo, tómate un momento para leer lo que anotaste y resume los temas o puntos más importantes.

A continuación, vamos a analizar otra pregunta para que generes soluciones extraordinarias.

CUATRO

¿CÓMO LO HE RESUELTO OTRAS VECES?

Pocas negociaciones generan más inquietud y preocupación que pedir un aumento de sueldo, incluso a las personas inteligentes y exitosas.

Hace tres años Andrew se graduó de la licenciatura en negocios y entró a trabajar a una institución financiera. Quería asesoría para negociar su primer ascenso y mayores prestaciones. Desde que Andrew llegó a la empresa, no sólo se enfocó en los resultados, fomentó un entorno positivo reclutando y orientando a estudiantes universitarios, y se incorporó al comité dedicado al bienestar de los empleados.

Andrew me contó que, cuando entró a la empresa con un puesto base, el sueldo era el mismo para todos en el mismo nivel. Era posible negociar los proyectos y mentores, pero no el sueldo. Se esmeró en su trabajo y creció por sí mismo.

Después de tres años, Andrew quería ser gerente. El año pasado calificaba para un ascenso, pero no lo solicitó y no lo ascendieron. Como hijo de migrantes lo habían criado para no esperar privilegios, con la idea de que el trabajo y la dedicación dan los mejores resultados. Sin embargo, ahora se daba cuenta de que para ser exitoso se requería más que eso. Se acercaba su evaluación anual y esperaba aprovecharla para pedir un ascenso y aumento de sueldo. Calculaba que los gerentes ganaban entre 15 y 25% más que él, pero el ascenso —y las prestaciones— dependerían de cómo lo sustentara. Este año quería trazar una estrategia para pedir más.

Definimos su objetivo: negociar para obtener un aumento que se acercara todo lo posible a 25%. Pero quería más que eso. Quería demostrar a la dirección que tenía lo que se requería para ser un futuro líder en la empresa. También sentirse cómodo negociando en su nombre, no sólo en representación de la empresa o sus clientes. Sus necesidades incluían que se reconociera todo lo que hacía por la empresa, es decir, el trabajo institucional y con los clientes, la certeza de que iba encaminado para ser socio principal y tal vez directivo, y adquirir experiencia para negociar con éxito en su nombre.

También tuvimos en cuenta sus emociones. Por una parte, le emocionaba dirigir activamente su carrera. Por otra, acumular riqueza sólo porque sí le generaba sentimientos encontrados. En ese entonces ganaba suficiente para vivir y apoyar a sus padres. Cuando negociaba en representación de su empresa se sentía cómodo, pero le daba cierta culpa pedir más para él. Reconocía que estos sentimientos antagónicos le habían impedido pedir un ascenso o aumento de sueldo el año pasado cuando calificaba.

Le pregunté cómo había resuelto con éxito este tipo de negociaciones. Él me contestó: "Es la primera vez. En la universidad hice prácticas profesionales para empresas grandes, pero sin goce de sueldo. Y ahora trabajo en finanzas, me va muy bien, sin embargo, nunca he negociado mi sueldo. Así que no tengo referencias".

Repasé mis notas. "Bien, vamos a revisar los elementos de tu enfoque y desglosémoslos. ¿Qué crees que requerirás para ser exitoso en la empresa?"

Se quedó pensando un minuto: "Necesito preparar mi caso, es decir, revisar todos los aspectos de mi rendimiento y presentarlos lo mejor posible. Organizar mis argumentos para dejar claro que la empresa se beneficiará de ascenderme y darme las compensaciones que merezco. En mi experiencia, este enfoque es el que mejor resulta con la dirección, además de ser consistente con mis valores. También debería hablar con los actores clave en la empresa, que pueden abogar por mí cuando se tomen las decisiones de los ascensos. Persuadirlos y darles los argumentos que necesitan para apoyarme. Por último, voy a necesitar prepararme mentalmente para esto. Creer en serio que lo valgo para convencerlos".

"Para tener éxito parece que debes (1) investigar y preparar tu caso, (2) presentarlo como un beneficio para todos, (3) persuadir a algunos colegas y (4) convencerte mentalmente de que el resultado que buscas es el adecuado, no sólo el que quieres. Vamos a remitirnos al pasado y veamos si en alguna ocasión negociaste con éxito con estos elementos. Mencionaste que, en tu experiencia, señalar el beneficio mutuo brinda los mejores resultados. ¿Quizás ahí esté la clave para saber en dónde empezar?"

Andrew se quedó pensando y mencionó que en cuanto llegó se le ocurrió organizar un programa de entrenamiento para los empleados junior, algo que entonces era único entre las firmas competitivas. Gracias a sus esfuerzos orquestó un programa con varios ponentes que se centró en herramientas de liderazgo, negociación, y otras, para los empleados junior. El programa tuvo un éxito rotundo, pero había implicado una labor de convencimiento con la dirección. Andrew tuvo que argumentar que contribuiría atrayendo y conservando a los mejores talentos, lo que en cambio produciría mejores relaciones públicas y resultados financieros a largo plazo, pues tendrían menos rotación y empleados más satisfechos. Había tenido que resaltar el beneficio mutuo: para los empleados junior (como él) y la dirección.

Andrew explicó por qué dudaba de hacer lo mismo esta vez: "La diferencia en este caso es que no tuve que abogar sólo por mí, así que prepararme mentalmente no fue difícil... pero ahora que lo pienso, para conseguir este trabajo sí tuve que hacerlo. Es un mercado laboral competitivo y una empresa codiciada. No pedí prestaciones puntuales, pero sí un puesto, así como el grupo específico que quería, el cual tenía vacantes muy limitadas. Creí que era ideal para el trabajo, que podría contribuir, y lo demostré. Quizás esta negociación no sea tan diferente".

Después de tomar en cuenta esa exitosa negociación previa, Andrew se fue con ideas concretas de cómo negociar su ascenso. Seis

meses después ya era gerente de su división, con dos empleados di-
rectos y un aumento de prestaciones de 18%. Más aún, en el proceso de sus conversaciones individuales con los directivos en torno a
su ascenso, compartió que le interesaba llegar a ser socio principal
con el tiempo. Un año después estaba en el comité directivo que
sólo tenía dos vacantes para directores junior, un puesto prestigioso que demostraba la seguridad de los socios en su liderazgo. Estaba en el camino a lograr sus objetivos.

"¿Cómo lo he resuelto otras veces?"

En este capítulo quiero que recuerdes cómo has abordado retos
similares al actual con buenos resultados. Te guiaré para que vuelvas a adoptar esa mentalidad exitosa, te pongas en contacto con tu
sabiduría interior y generes ideas con las que tus futuras negociaciones sean cada vez mejores. Recordar un logro previo también
te dará seguridad cuando negocies. Y si como Andrew, no recuerdas situaciones parecidas en las que saliste victorioso, te ayudaré
a encontrarlas. Estoy segura de que juntos descubriremos que tus
aciertos previos se parecen más a tu presente de lo que crees. Terminarás este capítulo con un panorama claro de tu situación, listo
para el futuro.

Contempla los éxitos previos

Cuando pido a mis consultantes que consideren un éxito del pasado, muchas veces veo cómo se transforman frente a mí. Empiezan
sintiéndose inseguros, ansiosos o confundidos y terminan seguros,
organizados e incluso emocionados de negociar. Pensarlo te prepara
para la última pregunta en la sección del espejo, cuando sea hora
de sentarte a negociar.

"¿Cómo lo he resuelto otras veces?" es una pregunta transformadora por diversas razones. En primer lugar, contextualiza esta negociación. Cuando tenemos una dificultad —una negociación exigente, un "no" de un posible cliente, un conflicto en tu relación, un trato que se cancela o algo que nunca hemos hecho antes— solemos afligirnos por esa experiencia y se nos olvidan los muchos éxitos del pasado. En segundo lugar, como en el ejemplo anterior, la pregunta busca enfoques, circunstancias y técnicas que nos han resultado, de los cuales podemos extraer información útil sobre lo que podría rendir frutos en esta ocasión. Lo último y más importante, investigaciones (y mi experiencia) sugieren que cuando pensamos en un acontecimiento previo, es más probable tener mejores resultados la próxima vez que negociemos.[82] Es una garantía poderosa. Juntos lo aprovecharemos y te prepararemos lo mejor posible para el futuro.

Vamos a desglosar cada una.

Contextualiza tu negociación

Al igual que el ejecutivo del caso anterior, en ocasiones le concedemos emociones negativas a una negociación, tal vez por una conversación que no salió bien, es más difícil de lo esperado, o bien, nos tiene ansiosos, lo cual es muy notorio cuando implica una relación a largo plazo, ya sea laboral, en casa o contigo mismo.

Si te espera una negociación que involucra a una persona cercana o una dificultad que quieres resolver desde hace tiempo, y en el capítulo tres descubriste emociones negativas en torno a ella, esta pregunta te podría servir. En un conflicto con algún conocido desde hace tiempo, las personas a veces permiten que el conflicto ocupe tanto espacio mental (¡y con razón!) que olvidan que ya han lidiado con una negociación similar —o muchas— con buenos resultados.

Analicemos la situación de una doctora, Jamila, que tenía dificultades con su paciente de toda la vida, Ben. Ben tenía diabetes y Jamila no conseguía que tomara su medicamento. A Jamila le preocupaba Ben como paciente e incluso se veía reflejada un poco en él (los dos eran músicos), y le frustraba mucho ver las consecuencias fatales en la salud de Ben debido a su cuidado inconsistente. Jamila terminó la última consulta enojada y exhausta. Sabía que había mostrado su frustración más de lo recomendable, y necesitaba calmarse para encontrar otro enfoque.

Cuando intentó recordar si alguna vez había tenido éxito con este paciente se dio cuenta que lo había logrado varias veces. Por ejemplo, cuando Ben acudió a Jamila para tratamiento, tenía pésimos hábitos alimenticios. Jamila había dedicado parte de la consulta a hablar con él, preguntarle de su vida y qué lo hacía feliz. Más aún, le había asegurado que podía manejar su nuevo estilo de vida. Ben acordó ver a un nutriólogo y, en general, comía mejor que cuando lo había conocido. Incluso había bajado un poco de peso. Jamila se percató de que negociar con este paciente de tanto tiempo no siempre era negativo, y tal vez la dificultad con el medicamento era más un bache que una barrera.

Contextualizar la negociación contemplando éxitos pasados también hace maravillas en las negociaciones difíciles en las que la relación con tu contraparte no es tan antigua. Hablé con un ejecutivo de la publicidad, Elijah, sobre una negociación fallida reciente. Lo habían entrevistado para un trabajo que de verdad quería y después intentó llegar a un acuerdo con la empresa sobre su sueldo y responsabilidades. Se resistieron a algunos términos que para él no eran negociables. Al final, este intercambio generó mucha hostilidad entre ambos. Los dos coincidieron en que era mejor si Elijah no se quedaba con el trabajo.

Elijah estaba muy molesto por cómo se dieron las cosas. Iba y venía entre el enojo por cómo había gestionado las cosas y dudas sobre su enfoque. Frustrado y triste, dejó de buscar trabajo un tiempo. Pero cuando Elijah decidió reflexionar sobre otras negociaciones laborales que habían salido bien cayó en cuenta de que, en el curso de su carrera, había negociado casi una decena de propuestas, había aceptado algunas y otras no. Cuando contextualizó su "fracaso" reciente, se dio cuenta de que una mala negociación no lo definía ni su valor en el mercado. Renovó su búsqueda.

Al igual que Jamila o Elijah, cuando recuerdes lo bien que has lidiado con una situación similar, estos sentimientos se pueden disipar y contextualizarás la negociación como merece. Cuando nos tomamos el tiempo para recordar victorias previas, reducimos el ruido mental y nos permitimos ver que esta es una de muchas negociaciones que hemos sorteado en nuestra vida.

Ya has tenido éxito generando datos

Esta pregunta es un generador de datos, pues con ella recuerdas estrategias que te han funcionado y podrían volver a hacerlo. Andrew, el ejecutivo cuya historia dio inicio a este capítulo, recordó uno (o dos) éxitos pasados y concibió una útil lista de acción con estrategias para negociar su sueldo. Se fue con un plan de acción que incluía investigar, formular su argumento, reunirse con actores clave y motivarse.

He visto que esto rinde frutos una y otra vez en situaciones muy distintas.

Smith es trabajador de la construcción y ha hecho muchas obras para Rosa, casera y propietaria de un comercio. Luego de años de trabajar en muchos departamentos de Rosa, en armonía y con beneficios para ambos, su último trabajo, la renovación de una cocina terminó con incumplimiento de acuerdos, sin pagos, una habitación a medias y mucha hostilidad. Intentaron determinar el costo, si trabajarían juntos más adelante, y cómo. Como su mediadora les pregunté cómo habían hecho antes para gestionar bien sus acuerdos anteriores. Pasaron varias cosas importantes casi de inmediato. Primero, recordaron la cantidad de proyectos que habían concluido en el transcurso de los años sin problema alguno. Esto permitió que contextualizaran su desacuerdo y valoraran que su relación era buena. En segundo lugar, diagnosticaron que en el último acuerdo faltaron ciertas prácticas que les habían funcionado antes —redactar el contrato, elegir juntos los materiales—, pues había sido apresurado y más complejo que sus proyectos habituales. Luego de enumerar buenos resultados previos, se restauró la paz y concebimos ideas para el futuro. Decidieron seguir colaborando y siempre redactar un contrato. También establecieron lineamientos para comunicarse sobre decisiones de diseño, una vez empezada la obra.

Brad es padre de una preadolescente, Harper, quien padece ansiedad que se manifiesta en peleas explosivas en casa. Estos "arrebatos", como Brad les llama, suelen ocurrir cuando Harper va camino a la escuela, en las mañanas. Esos sucesos han alterado a la familia entera, incluida la esposa y los otros dos hijos de Brad, y últimamente lo han orillado a gritar, lo cual lo hace sentir horrible. Brad está desesperado y ha intentado negociar esta situación con Harper, pero empieza a desesperarse.

Cuando le pedí que me contara sí había sorteado algo así otras veces, le tomó unos minutos vislumbrarlo. Se le ocurrió un ejemplo: hacía años, Harper había tenido dificultades para leer bien, lo cual minó su seguridad y todas las noches, mientras hacía la tarea, peleaba con él. Discutían a gritos y terminaban llorando. Con el tiempo, Brad la ayudó a enfrentarlo. ¿Cómo? Al recapitular, se dio cuenta de que había hecho un par de cosas: encontró un tutor joven para Harper, a quien ella admiraba y respetaba. El tutor había establecido una relación cercana con ella que se había traducido en mayor motivación para leer. Segundo, Brad se esforzó para dedicarle tiempo a solas al margen de las lecturas. Hicieron actividades que a los dos les gustaban, como ir a museos o tomar helado. Brad creía que esto había fortalecido su relación y ayudó a superar las dificultades de Harper con la lectura.

Brad decidió buscar a un terapeuta joven y simpático que pudiera conectar con Harper para trabajar su ansiedad. También se comprometió a pasar un par de horas a la semana con ella en momentos menos estresantes y hacer cosas que ambos disfrutaran. Comenzó a sentirse más optimista sobre su capacidad para ayudar a Harper —y a sí mismo— a superar su desafío más reciente.

En estas dos situaciones, destacar éxitos de otra época contribuyó a afrontar una negociación exigente con ideas concretas: una hoja de ruta para seguir teniendo buenos resultados. Si es tu caso, tómate un momento para analizar si un logro anterior te ayuda a generar ideas para tu próxima negociación.

Prepárate para negociar con creatividad y éxito

Hay un beneficio muy convincente para considerar los éxitos previos como estrategia de negociación. Cuando lo haces, te sientes mejor y cuando te sientes mejor, aumentan las posibilidades de que te vaya bien cuando negocies. Uno de los motivos por los que planteo eso, además de contextualizar la situación y generar ideas útiles, es que te hace sentir empoderado, feliz y orgulloso, y esto tiene un efecto positivo en lo que estás trabajando.

También sabemos, de acuerdo con el capítulo 3 y una serie de estudios, que concentrarse en sucesos positivos puede aumentar tu creatividad e ingenio cuando negocias. Un estudio de la Universidad de Columbia descubrió que, antes de participar en una entrevista laboral simulada, si los candidatos al posgrado de negocios escribían sobre una experiencia de poder personal, sus posibilidades de ingreso se disparaban: 68% de las veces los aceptaban, a diferencia de la tasa normal de aceptación del 47%.[83] Y la efectividad se desplomaba entre quienes escribían sobre una experiencia en la que les faltó poder; en esos casos los jueces seleccionaban sólo al 26%.

En otro estudio reciente, investigadores de la Facultad de Negocios de Harvard encontraron correlación entre las emociones positivas y la creatividad, que demostró ser muy útil al negociar, sobre todo cuando las partes tenían dificultades.[84] Como después explicaron los investigadores Teresa Amabile y Steven Kramer en su libro, *The Progress Principle*, se trata de un efecto autorreafirmante.[85]

A propósito de su obra, *Harvard Business Review* dice: "Los sentimientos positivos incrementan la creatividad, y ésta a su vez fomenta sentimientos positivos dentro de un equipo u organización. La creatividad es particularmente importante al negociar cuando las partes están estancadas".[86]

El proceso de negociar, sin mencionar los temas por los que estamos negociando, nos puede provocar ansiedad o hacernos sentir sin poder cuando nos preparamos para negociar de nuevo. Generar sentimientos positivos en torno a alguna negociación previa con buenos resultados puede ser lo que necesitamos para replicar esa emoción positiva y recurrir a la creatividad y la toma inteligente de decisiones que nos hará triunfar la próxima vez que negociemos.

Sugerencia para recordar un éxito previo

Ya conocemos los beneficios de considerar un logro anterior. Ahora tengo una recomendación para responder esta pregunta. Es importante, ¡no te la saltes! Cuando te preguntes: "¿cómo lo he resuelto antes?", quiero que hagas algo antes de escribir tu respuesta. Cierra los ojos e imagina el triunfo anterior con todos los detalles que puedas. Acompáñalo en tu cabeza con música como el tema de Rocky (¡a todo volumen!). ¿Cómo se sintió?, ¿cómo sonó?, ¿a qué supo?, ¿qué postura tenías?, ¿en dónde estabas?, ¿qué llevabas puesto? Visualiza cómo haces tu presentación mientras el cliente asiente con la cabeza. Siente el alivio cuando tu pareja dice "entiendo", disfruta de la alegría de estrechar la mano cuando cierres el trato, o cuando el dinero se refleje en tu cuenta bancaria.

También quiero que recuerdes qué te llevó a ese momento. Imagina tu preparación, tus pensamientos, el trabajo previo, la emoción. Recordar toda esta información todos los detalles de este éxito, te puede ayudar a repetirlo. Recuerda, es más probable que negocies mejor si te remites a un logro previo. Cuanto más lo imagines, más podrás tener el estado mental para otra victoria.

Tu turno frente al espejo

Ahora te toca ponerte frente al espejo. Recuerda, ya identificaste tus necesidades y qué te trajo aquí. Ya contemplaste tus emociones, positivas y negativas. Recuerda un éxito pasado. Al igual que en otros capítulos, foméntalo encontrando un espacio físico en donde puedas pensar y escribir con total libertad, permítete pensar: ¿Cómo lo he resuelto otras veces?

Durante cinco minutos escribe todo lo que se te ocurra.

Diagnóstico de problemas

Veamos qué dificultades se pueden presentar cuando recuerdes éxitos pasados.

1. *"No tengo un éxito similar"*
¿Qué pasa si no recuerdas una situación similar? Como Andrew, al principio de este capítulo, desglosa esta negociación para visualizar los pasos que debes tomar y qué se requiere para hacerlo bien (los verbos útiles son: *investigar, formular, mentalizarte,* por ejemplo).

Hice este ejercicio con un grupo de estudiantes del posgrado de negocios en Brasil. Frida, una alumna, empresaria que regresó a estudiar para progresar en su carrera y que había participado el primer día con mucha seguridad, me miró nerviosa cuando les dije que trabajaríamos con las preguntas de este libro para prepararlos para alguna negociación que tuvieran en puerta. Se me acercó en privado para preguntar: "Digamos que estoy pensando cambiar de carrera. ¿Cuenta como negociación?"

¡Por supuesto que eso cuenta! Estás guiando tu carrera a partir de tus metas. Esta clase de conversaciones son negociaciones.

Frida parecía más resignada que contenta de que esta situación sirviera para el ejercicio. La vi trabajar con la definición de su problema, sus necesidades e incluso sus emociones. Seguía nerviosa, pero tuvo la valentía de escribir todas sus respuestas. Hasta que llegamos a esta pregunta sobre un logro previo. Aquí se soltó a llorar y apoyó la cabeza en las manos. Me acerqué para hablar en privado. Respiró profundo y exhaló con fuerza: "El asunto es que me despidieron de mi último trabajo. ¡Me despidieron! Sabía que las cosas no estaban bien. Para ser franca, lo detestaba, por eso entré a la maestría. Creía que tendría tiempo para planear lo que seguía. Pero la relación laboral terminó antes de que estuviera lista. Necesito aceptar que ocurrió y decidir qué sigue. Pero nunca he tenido éxito en algo así. Es lo malo. Nunca me habían despedido".

Trabajamos para resumir su respuesta. Debía (1) aceptar que, desde su punto de vista, esta relación laboral no era satisfactoria ni exitosa, había cumplido un fin y había concluido, y (2) pensar una dirección más satisfactoria para su carrera.

Le pregunté: "¿Recuerdas si en el pasado aceptaste el final de algo y concebiste un nuevo inicio? Frida se quedó pensando, sacudió la cabeza y se mantuvo en silencio. Después levantó la cabeza: "Espera, ¿cuenta una relación personal? Tuve una relación larga que no estaba funcionando, para ninguno. Tenía cosas buenas y la compañía era agradable, pero sabía que no tenía caso seguir. Así que terminamos, estuve triste, pero luego de unos días también emocionada por el futuro. Sabía que me había liberado para estar con alguien 'para siempre'. Retomé mis intereses y empecé a hacer amistades con personas que compartieran mis afinidades con la idea de ser compatibles a largo plazo.

Esta breve conversación ayudó mucho a Frida. Recordar que, después de terminar una relación sentimental, había iniciado con optimismo un nuevo capítulo alivió el dolor de su despido. Tenía presente que, al igual que su relación personal pasada, su relación laboral era insatisfactoria. Y recordó que, de hecho, ya había diseñado un nuevo capítulo en su vida con éxito. Decidió incorporarse a asociaciones profesionales que compartieran sus intereses (así como tras su ruptura) y reconoció que entrar a la maestría, con las posibilidades de contactos que ofrecía, era un paso fundamental para diseñar un mejor futuro. Cuando salió de clase ese día, se fue más segura.

2. *No se me ocurre ningún caso de éxito*
De vez en cuando conozco a alguien a quien no se le ocurre un éxito propio. Ninguno. A veces no importa lo exitosa o consumada que parezca una persona por fuera, se le dificulta pensarse como un individuo exitoso. Quizá lo atribuyan a otros ("fue un esfuerzo de equipo") o la suerte ("estuve en el momento y lugar indicados"). En otros casos, sus estándares de éxito son tan altos que excluyen prácticamente todo ("Envié un artículo de opinión a los principales periódicos. Uno lo aceptó de inmediato, pero lo editó mucho y lo imprimió como carta de lector".) Y otros, entre ellas Michelle Obama y Sheryl Sandberg, se han descrito presas del conocido fenómeno "síndrome del impostor", en vez de reconocer el éxito propio, esperas que el mundo descubra que eres un fraude.

¿Te suena familiar? No importa si tu caso es síndrome del impostor o falta de confianza, si quieres recordar un éxito personal y te encuentras con dificultades el primer paso es ser consciente de ello. A veces basta con saber que estos fenómenos existen para comenzar a quitarnos su peso de encima.

Primero, subrayemos que este éxito personal no tiene que ser colosal, como cerrar un trato que transformó tu empresa y propició que cotizara en la bolsa. Tómate tiempo para recordar cuando las cosas iban bien en el trabajo o en tu vida personal. Una época en la que te sentiste orgulloso, incluso si fue pasajero. O cuando recibiste retroalimentación positiva. Tal vez ese es tu éxito pasado.

En lo que se refiere a retroalimentación, mi segunda recomendación es consultar con un amigo o colega cercano, ya sea en la realidad o en tu imaginación: ¿qué diría tu colega sobre tu contribución al proyecto en equipo?, ¿en qué diría que te destacas tu mejor amigo? A veces, la retroalimentación de una persona cercana y a quien respetas puede ser el empujoncito para recordar ese éxito personal. Puse en práctica este ejercicio con una amiga que estaba buscando trabajo, luego de varios años de quedarse en casa cuidando a sus hijos, estaba insegura de su capacidad para regresar a la fuerza laboral. Me contó que cuando había intentado recordar un logro previo, se había quedado en blanco: "Es el problema. No he trabajado en serio, fuera de casa, desde que salí de la universidad. Y he cambiado muchísimo".

Le pregunté: "¿Y tu trabajo en casa?, ¿qué se te da mejor o te satisface más?"

Ella me respondió: "Pago todos los recibos, siempre a tiempo. A mi pareja le tocó en una época, pero yo lo hago mejor. Y cuando a nuestro hijo le diagnosticaron dislexia, coordiné todos los estudios. Me aseguré de que su escuela lo apoyara en el salón de clases como dicta la ley. Y encontré un tutor que sabía sería excelente para sus necesidades.

En otras palabras, mi amiga "fracasada" era una gerente muy organizada que podía cumplir distintas fechas límite a la vez. Podía investigar normas legales, argumentar con éxito y coordinar la instrumentación de políticas. Escucharlo de mí le permitió reconocerlo y ver que sus esfuerzos se traducirían en un trabajo de tiempo completo.

En ocasiones, los éxitos personales contienen muchas claves que pueden ayudarte a negociar mejor en el presente y el futuro. Incluso si el caso difiere mucho del desafío que tienes enfrente, el hecho de saber que has salido victorioso en el pasado te animará a negociar.

Para terminar

Ya que respondiste esta pregunta, casi terminas de verte en el espejo. En este capítulo identificaste esa ocasión en la que sorteaste con éxito una negociación parecida. Si la similitud no resulta tan evidente, busca en tu banco de información casos de éxito que tuvieran elementos en común con la negociación que tienes entre manos. Incluso reconocer el éxito de sucesos previos o tus cualidades personales implica inteligencia emocional. Antes de terminar, tómate un momento para leer tus notas de este capítulo y resume los puntos o temas importantes.

Vamos a seguir con una pregunta que contempla el futuro para que empieces a diseñarlo.

CINCO

¿CUÁL ES EL PRIMER PASO?

ei Xu entró a Bloomingdale's en Nueva York y se detuvo a contemplar la vista, los sonidos y aromas. Hacía años había entrado por estas puertas como clienta. Hoy era emprendedora.

Mei migró de China a los Estados Unidos en 1991, luego de trabajar en el Banco Mundial y prepararse para hacer carrera diplomática en China. Gracias a su educación, que incluía no sólo clases de inglés sino cursos de arte renacentista —y horas viendo los puestos de ropa que se ponían cerca de su secundaria— llegó a Estados Unidos con mucho interés en la moda y el arte. Pero no tenía ninguna experiencia relevante en la industria y necesitaba trabajo para mantenerse. Así que aceptó un trabajo en una empresa estadunidense de equipo médico que exportaba equipo a hospitales chinos. El trabajo era aburrido, pero pagaba la renta.

Por casualidad, su empresa la alojó en un hotel cerca de la tienda departamental Bloomingdale's. En sus ratos libres se paseaba por la tienda, viendo con anhelo la mercancía rebajada. Le asombraba el increíble estilo de las prendas femeninas, pero cuando entraba al departamento de hogar, todo era muy distinto. El estilo que permeaba en la tienda estaba completamente ausente en el mobiliario: para Mei, la mayoría parecía de décadas pasadas, como "el papel tapiz de la abuela". Mei le contó a Guy Raz de la estación de radio NPR que su objetivo era "cerrar el abismo entre hogar y moda".[87]

Su primer paso era negociar en qué artículos del hogar podía dejar huella. Después de evaluar distintas ideas de negocio, decidió concentrarse en las velas aromáticas. Investigó un poco y calculó que, con el diseño exclusivo y el aroma adecuado, vendería velas no sólo en Navidad, sino todo el año.

Primero, debía averiguar cómo hacerlas.

Su siguiente paso fue adquirir experiencia a través de prueba y error. Acudió a un comerciante de fragancias en Nueva Jersey para aprender a mezclar esencias con cera. Después dedicó semanas a hacer pruebas en su sótano, con moldes de latas y experimentando con esencias. Un día, en uno de sus experimentos, olvidó añadir el químico que mezclaba el aceite con la cera. Cuando sacó la vela del molde se veía diferente, fosilizada o añejada. Mei decidió que este error sería parte de su marca, que inauguró en 1994: Chesapeake Bay Candle Company.[88]

Lo siguiente era negociar para entrar a las tiendas. Mei me contó: "Es muy importante hacer las cosas un paso a la vez. Vendí mis velas en tiendas pequeñas porque sabía que para sobrevivir frente a las grandes cadenas debían conocer muy bien las tendencias. Sabía que aprendería mucho y que me ayudaría a dar el siguiente paso a las grandes cadenas cuando estuviera lista".

Tras su éxito local, Mei acudió a Bloomingdale's, en donde comenzó a entablar amistad con las asistentes que contestaban los teléfonos. Cada que llamaba o iba, les preguntaba cosas personales: en dónde vivían antes de trabajar ahí, por qué querían trabajar en la moda. Con encanto e insistencia, le dieron el nombre del encargado, la persona que decidía qué productos ordenaban. El responsable se enamoró de las velas de Mei a la primera e hizo un pedido, en las mismas tiendas de Bloomingdale's en donde Mei había cuidado tanto sus relaciones personales.

En cuanto consiguió este pedido que le cambió la vida, el próximo paso era evidente. Debía surtirlo. Proveer la orden exigía una fábrica que se dedicara a producir sus velas, incluido el aceite esencial que necesitaba. Mei llamó a su hermana, quien trabajaba con su esposo en una empresa de computadoras en Hangzhou, China. Se movilizaron y en 1995 abrieron la fábrica para producir las velas. La fábrica sigue operando al día de hoy.

Después de su éxito en Bloomingdale's Mei sabía lo que necesitaba para crecer su empresa. Para llegar a un segmento mayor del mercado, era necesario entrar a una tienda que ofreciera más opciones para consumidores que consideran los buenos precios como algo importante, pero manteniendo su buena reputación por su cuidado diseño. El objetivo era Target, que tenía 750 tiendas en todo el país y dos pasillos con quince metros dedicados a las velas.

Sin embargo, las técnicas de insistencia y relaciones personales con las que entró a Bloomingdale's no sirvieron de nada en Target. Pese a un año de acercamientos, Mei no lograba que el responsable de compras le regresara las llamadas. Por fin, la recepcionista se apiadó de ella y le sugirió llamar a su jefe para quejarse. Lo hizo. El responsable le llamó de inmediato para gritonearle que no era manera de entablar una relación laboral, y colgó.

Desanimada, Mei esperó un poco y volvió a llamar. Por fin, meses después, escuchó otra voz en la contestadora. Al poco tiempo Mei recibió una llamada de una nueva responsable y muy joven, y voló a la sede de Target en Minneapolis para conocerla. Ella concluyó la reunión diciendo: "Mei, quiero que tus velas estén en nuestras 750 tiendas". Target hizo un pedido que superaba un millón de dólares, y estimaciones de más de tres millones para ese año.

Los experimentos de Mei en el sótano de su casa terminaron en la creación de la empresa multimillonaria Chesapeake Bay Candle. En poco más de veinte años, Mei pasó de aterrizar en suelo estadunidense conociendo sólo a su esposo, sin experiencia en diseño ni productos de consumo, a construir una empresa enorme que después vendió a Newell Brands, una empresa multimillonaria de productos de consumo por 75 millones de dólares.

Y lo hizo un paso a la vez.

¿Cuál es el primer paso?

Para concluir nuestra sesión del espejo, quiero que te plantees el futuro. Iniciamos definiendo un problema u objetivo y analizando sus causas. Después exploramos nuestras necesidades y emociones para establecer prioridades y decidir. Luego adquirimos velocidad y generamos ideas investigando un logro previo. Es hora de dar el primer paso: diseñar el futuro.

Es común que mis consultantes hayan identificado adecuadamente el problema que les aqueja, pero no sepan cómo resolverlo del todo. En este capítulo, vamos a analizar por qué centrarte en tu primer paso es tan efectivo para negociar exitosamente. Después de explorar el porqué de esta pregunta vamos al cómo: te guiaré para que te concentres en ti, entres en contacto con tu sabiduría interior y des tus primeros pasos.

Dar el primer paso

Me gusta decir que, para negociar, se viaja en el tiempo: es preciso entender el pasado y el presente antes de diseñar un mejor futuro. En este capítulo contemplaremos el futuro. Es la última fase frente al espejo.

Es importante que te preguntes cuál es el primer paso por dos motivos importantes: para tomar velocidad y facilitar los siguientes pasos.

Un paso a la vez para encarrerarnos

Detenernos en el primer paso para adquirir velocidad. Cuando tenemos por delante una negociación o una meta emocionante, intentar diseñar la solución desde el principio es más agobiante que productivo. Y el agobio puede provocar que incluso la persona más motivada desista o sea descuidada. A veces requerimos ese paso para cobrar fuerza.

Cuando asesoro en una negociación que implica varios temas, me gusta que los anoten en un pizarrón para que todos los veamos. Después, elijo uno para empezar, el que sea nos llevará a buen puerto. Cuando lo tachamos de la lista, se nota el alivio de todos y se siente la emoción de ir avanzando. Estamos en camino. Así todos están motivados para ir resolviendo todos los elementos.

Hace poco platiqué con una prestigiosa periodista que está en su mejor momento y ha cubierto historias prominentes en el radio y la televisión, pero que en privado lleva años reprendiéndose porque le faltaba un paso en su carrera: escribir un libro: "Creo que mi talento principal es sintetizar enormes cantidades de investigación muy rápido y digerirla para presentarla en un formato accesible para un público amplio. Estoy acostumbrada a sacar la idea principal de una historia a las tres de la tarde y salir en las noticias una o dos horas después. Este año en especial he cubierto acontecimientos clave. Podría vender la idea de un libro con relativa facilidad, si diera en el clavo con la historia. Necesito organizarme para hacerlo mientras sigo reporteando", me contó.

Estaba lista para dar otro paso. Pregunté:"¿Qué paso podrías dar ahora mismo, en tu tiempo libre, para que cuando llegue la historia que estás buscando, puedas transferir rápidamente tu material a una propuesta y venderla?

Se quedó pensando: "Guau, ahora que lo dices podría empezar escribiendo las partes de la propuesta que no cambian, es decir, mi información autobiográfica y el análisis de mercado, para que estén listos cuando tenga la historia que iría en el libro. Así me puedo concentrar en lo que se me da mejor —encontrar una historia rápido— para vender la propuesta. ¡Voy a empezar esta semana!

Dos meses después casi terminaba su propuesta. A veces, si trabajamos, en los primeros pasos organizamos nuestras ideas y recuperamos el control.

Un paso y nos preparamos para el siguiente

El segundo motivo para empezar por el principio es que en muchas ocasiones negociar es un acto acumulativo. Por ejemplo, no podemos dar el quinto paso hasta haber dado el cuarto. Mei Xu me contó que uno de los mayores errores que cometen los emprendedores es saltarse pasos cuando negocian. Ella sabía que primero debía vender sus velas en tiendas pequeñas para acumular experiencia, juicio y comprobantes de ventas antes de buscar a compradores más grandes.

También es pertinente para este libro. Para definir tu primer paso debes concretar a dónde quieres llegar, qué necesitas, qué sientes y cómo lo has resuelto antes. Estas respuestas te preparan para la última pregunta y para resolver el problema.

Un paso a la vez: algunos ejemplos

Respetar el primer paso puede ser transformador, sin importar el tipo de negociación que te espere. A veces parece pequeño pero su efecto es enorme. Un embajador de las Naciones Unidas, Luis Gallegos de Ecuador, me contó que, en las negociaciones diplomáticas cruciales, que involucran a decenas o centenas de actores, el voto puede oscilar si cambia una palabra en un documento extenso. Julie, pequeña empresaria, quería atraer proyectos más ambiciosos, cuando consiguió un cliente grande, decidió documentar su trabajo para ese cliente en las redes sociales, para que la gente pudiera ver sus capacidades. Esa decisión supuso muchos nuevos clientes grandes.

Dar un paso a la vez es muy útil cuando tu objetivo es ambicioso.

Autumn Calabrese entrenadora de celebridades, ha ayudado a muchas personas a lograr sus objetivos de salud y pérdida de peso. Autumn me relató que para ella bajar de peso es —¡adivinaste!— una negociación que comparten muchas personas en todo el mundo. Hace poco, Autumn diseñó un programa de nutrición que se especializa en que las personas se formulen preguntas, para verse al espejo y encaminarse para cumplir sus metas.

A decir de Autumn: "Procuro que mis clientes reflexionen sobre el problema para llegar a las respuestas y las soluciones reales. La mayoría salta de una dieta a otra constantemente. Nunca se detienen a plantearse las preguntas difíciles que lleguen al fondo del asunto. Con esas respuestas, entonces el primer paso es establecer objetivos a corto plazo. Si tu objetivo a largo plazo es 'quiero bajar 25 kilos', excelente. Necesitamos una hoja de ruta. No basta con decirlo e improvisar. Tengo clientes que empiezan con pasos pequeños, quizás uno por semana. Trazamos un plan de acción para la primera semana, la segunda, la tercera, la cuarta. Damos esos pasos uno a la vez, por varias razones. La primera, esos pasos motivan. En el camino necesitamos celebrar los logros pequeños porque 25 kilos es mucho, no sucede de la noche a la mañana. Se requieren pequeños triunfos para estar motivados y seguir adelante. En segundo lugar, cada paso es necesario para avanzar. Si tu objetivo es bajar 25 kilos, quizá no vas a poder hacer mucho ejercicio hasta que comas bien y tengas más energía. Entonces, tal vez la primera semana te planteas tomar menos refresco, en la segunda, comer más verduras y en la tercera semana, cuando te sientas mejor, caminas un par de veces a la semana. Al principio me parece muy importante centrarse solamente en el primer paso. No es necesario conocer todos los pasos. Tampoco necesitas saber en dónde estarás a los seis meses. Mejor hablemos de qué podemos hacer durante los primeros quince días para acercarnos un poquito más a la meta. Esas primeras semanas establecemos el primer paso, nada más".

Te toca ponerte frente al espejo

Ahora te toca ver en el espejo. Recuerda que ya identificaste qué te trajo aquí y tus necesidades. Ya contemplaste tus emociones, positivas o no. Ya examinaste éxitos previos. Y ahora vas a ver al futuro. Al igual que en capítulos anteriores, fomenta la ocasión para responder en un espacio cómodo en el que puedas pensar y escribir libremente. Date la oportunidad de analizar esta pregunta:

¿Cuál es el primer paso?

Para terminar la sección "El espejo": diseña tus pasos

En este capítulo termina el trabajo de vernos al espejo. Ya anotaste uno o más "primeros pasos" para emplear esa negociación como mapa para el futuro. Con tu historia en el capítulo 1, tus necesidades en el 2, tus emociones en el 3 y tus éxitos en el 4 vamos a diseñar tus siguientes pasos: un plan de acción que te haga sentir seguro, empoderado y conectado contigo mismo y tus objetivos.

Analiza tu problema (u objetivo)

Primero quiero que repases tu resumen del capítulo 1. ¿Qué problema u objetivo identificaste? Recuerda que todas las decisiones que tomemos para negociar surgen de por qué estamos aquí. Si como Steve Jobs estás diseñando una minicomputadora personal que también haga llamadas, estás estudiando todos los aparatos electrónicos que carga la gente, y pensando cómo añadir todas esas funciones a tu aparato; si estás negociando con un trabajador para construir el baño de tus sueños, entonces estás investigando los diseños más innovadores y cuáles quieres para tu casa; pero si estás restaurando tu casa para venderla, estás pensando qué querría alguien más: revisando los baños de las casas que se acaban de vender en tu barrio y asegurándote de que tu diseño se compare.

También piensa qué te trajo hasta aquí. Si como Antonia estás tratando con una disputa seria con tu hermana o Andrew, reuniendo información para negociar su sueldo, revisa la breve historia del tema, analiza qué ha pasado hasta la fecha.

Recuerda tus necesidades

Lo siguiente que quiero que hagas es recapitular las necesidades que descubriste en el capítulo 2. Recuerda que tuviste en cuenta las necesidades tangibles (lo que puedes contar, ver o tocar) e intangibles (los temas o valores como reconocimiento y respeto que le dan sentido a nuestras vidas). Se trata de las necesidades vitales para ti y cualquier paso debe reflejarlas.

Cuando contemples las necesidades intangibles, regresa a la pregunta de seguimiento ("¿Cómo sería?") para explorar las ideas puntuales que anotaste. Recuerda que cada quien le otorga un valor muy distinto a una necesidad como la justicia. Para una persona puede ser un aumento de $20,000.00 a su sueldo anual; para otra, mejor espacio de exhibición de su obra en una exposición; y para otra, repartir la limpieza de la cocina con su pareja. Revisa los elementos que dieron vida a tus necesidades intangibles.

Cuando estés repasando tus necesidades, ve pensando qué acciones implementar para materializarlas. Recuerda, en una negociación las aspiraciones efectivas se basan en nuestras necesidades: sé específico y optimista. Date permiso para imaginar un mundo en el que satisfagas todas tus necesidades y haz una lista de pasos concretos para lograrlo. Si te cuesta trabajo, imagina que recibes un billete de veinte dólares por cada idea que generes, ya sea impráctica o ilógica: no importa. Algunas de las mejores negociaciones del mundo han surgido a partir de una idea que parecía improbable.

Por ejemplo, esta célebre historia de éxito de la campaña presidencial de 1912 de Teddy Roosevelt:[89] hacia el fin de la campaña, Roosevelt y su director de campaña planearon un viaje relámpago en tren en el que Roosevelt esperaba conocer a millones de posibles electores.[90] Ambos habían diseñado un panfleto que incluía uno de los discursos de Roosevelt y una foto halagadora, y habían impreso tres millones de copias.[91] Sin embargo, poco después de partir, el equipo se dio cuenta de que tenían un problema serio: no tenían permiso para reproducir la foto de Moffett Studios, propietario de los derechos.[92] Cuando hicieron sus pesquisas, descubrieron que si distribuían los panfletos sin autorización, podrían terminar pagando un dólar por cada uno.[93] No podían correr ese riesgo.[94] Necesitaban una idea cuanto antes.

A George Perkins, director de campaña, se le ocurrió una idea que parecía improbable.[95] Envió a Moffett Studios el siguiente telegrama:[96]

"Queremos distribuir millones de panfletos con la foto de Roosevelt de portada. Será excelente publicidad para el estudio cuya fotografía seleccionemos. ¿Cuánto nos ofrece por reproducir la suya? Responda de inmediato".[97]

Moffett respondió al telegrama, aunque nunca había hecho nada igual, y les ofreció $250 dólares.[98] Aceptaron[99] y la campaña de Roosevelt convirtió una posible obligación en beneficio financiero.[100] Sólo necesitaron una buena idea.

Estudia tus sentimientos

Después de identificar el problema y tus necesidades, regresa a tus notas del capítulo 3. Las emociones —positivas o negativas— son parte de una negociación y nos pueden ayudar a decidir.

Reconocerlas te permite concebir mejores soluciones. Recuerda la pregunta mágica de seguimiento que ayuda a cualquiera a convertir sus emociones en ideas con miras al futuro. Si tienes sentimientos negativos, pregúntate: "¿Cómo podría eliminar o reducir mi emoción en esta situación?". Recuerda el ejemplo de la doctora Jamila, quien está negociando para cuidar a uno de sus pacientes y quien cayó en cuenta de que se siente muy frustrada. En esta situación, se podría preguntar: "¿cómo podría eliminar o reducir mi frustración?" Cuando formules esta pregunta de seguimiento, aprovechas tus sentimientos para generar ideas concretas y avanzar. Si no lo hiciste en el capítulo 3, hazlo ahora, ¿qué pasos contribuirían a disminuir las emociones negativas? Por cierto, puedes hacer lo opuesto con las positivas. Si estás contento por cómo han progresado ciertos aspectos de tu carrera, intenta preguntarte: "¿cómo mantener o aumentar mi alegría?".

Recuerda un éxito previo

Por último, revisa tus respuestas del capítulo 4, no importa si el éxito se asemeja al problema que enfrentas ahora o si fue en un ámbito distinto. ¿Qué ocurrió cuando cerraste los ojos y recordaste todo con detalle —tus hábitos, acciones, estado mental— todo lo que resultó en esa negociación exitosa? Si fue un caso similar, recuerda bien los pasos que diste porque podrían volver a rendir frutos esta vez. Por ejemplo, si estás negociando con tu pareja sobre sus actitudes individuales frente al dinero y la estrategia les resultó los primeros años de matrimonio, recuerda cómo le hicieron para coincidir en aquel entonces. Además de sentirte mejor sobre tu situación actual, te brinda información sobre lo que podría servir. Cuando hables con tu interlocutor, puedes remitirte a esa ocasión como evidencia de que tu enfoque ha dado frutos.

Si no tienes un logro previo que se parezca, entonces analiza el que enlistaste en el capítulo 4. Si es la primera vez que negocias tu sueldo y estás ansioso, pero en el capítulo 4 te diste cuenta de que eres buenísimo para presentar propuestas a los clientes y para convencer a la gente de la solidez de tus ideas, estudia cómo llegas a ese éxito (y seguridad), ¿qué pasos podrías replicar para esta negociación?

¿Qué tal si se me ocurrió mucho más de un paso?

Acabas de repasar todo el trabajo que hiciste en los primeros cuatro capítulos de este libro y se te ocurrieron ideas para avanzar. ¡Qué bien! Si ya pasaron los cinco minutos destinados a tomar notas para este capítulo y se te siguen ocurriendo ideas, anótalas todas.

Mientras lees este capítulo, y el resto del libro, anota todas las ideas que consideres pertinentes. Cuando te pido que pienses en un paso no lo hago para limitarte. La idea de dar un paso es liberarte de la sensación de tener todas las respuestas ahora. Porque la mayoría de las veces no las tendrás. A veces, incluso si surgen muchas ideas, necesitamos a la persona con quien negociaremos para pensar en soluciones (lo abordaremos en la sección de la ventana). Y en ocasiones, el camino por el que transitamos es demasiado largo como para alcanzar a ver el destino final. Si intentamos resolver todo de golpe nos podemos sentir inhibidos. Incluso si no puedes diseñar tu futuro íntegro, seguro tienes una idea de qué quieres hacer mañana. En vez de intentar predecir todas las vueltas que debes dar en el GPS, vamos a enfocarnos en la siguiente.

Diagnóstico de problemas

En ocasiones, cuando pregunto esto, la respuesta tarda en llegar. Vamos a ver algunos motivos por los que cuesta.

Demasiada gente en la cocina

Como ya hablamos en capítulos anteriores, preocuparse por las opiniones ajenas dificulta mucho avanzar. En otras palabras, tu hermana mayor, tu colega que es muy directo, amigos cercanos o familiares ya opinaron y te aconsejaron, se los hayas pedido o no. Tal vez incluso te dijeron qué hacer.

Este fenómeno es muy común cuando doy clases de negociación. Reparto a mis alumnos problemas para que negocien —digamos el precio de un coche usado—, hacen grupos, comprador y vendedor, debaten sus respuestas a las preguntas del espejo, y a veces se nota que alguien duda, luego de escuchar las prioridades de algún compañero, ¿insisto en un plan de pagos, como sugiere mi compañero?, ¿exijo que lo revise mi mecánico? De pronto su lista de necesidades parece menos legítima.

Y si esto ocurre durante un ejercicio en clase —que a fin de cuentas es una simulación— imagina hasta qué punto nos dejamos influir por los consejos ajenos en la vida real, cuando el riesgo puede ser más alto. ¿Qué hacer si te quedas en blanco o si mientras escribes tus respuestas te sientes en conflicto? Contempla si estás prestando atención a la opinión de alguien más. ¿Le has contado a alguien de tu negociación? Entabla una conversación con esas voces planteando estas preguntas: ¿quiénes son los públicos receptores de tu problema —colegas, clientes, pareja, hijos—?, ¿cuál debe ser tu primer paso, según ellos? Anótalo. Léelo. ¿Con qué puntos estás de acuerdo?, ¿y en desacuerdo? Se trata de analizar las recomendaciones de otros para desarrollar tus propias ideas. Con el tiempo, el objetivo será hacer a un lado estas opiniones para sintonizar con tus objetivos y diseñar tu estrategia.

"Estoy estancado"

¿Qué pasa si ya leíste el capítulo y aun así no se te ocurre nada? Sigue leyendo.

VUELVE A PROPICIAR LA OCASIÓN. Quiero que vuelvas a formular esta pregunta en el momento adecuado para ti. Reserva un momento y un lugar en el que generas más ideas. Piénsalo muy bien,

¿sucede en la mañana, a medio día o en la noche?, ¿en casa o el trabajo?, ¿mientras corres?, ¿en una cafetería abarrotada?, ¿en una biblioteca silenciosa? Elige el lugar que más se preste para generar ideas creativas.

FORMULA LA PEOR ALTERNATIVA. Si te sigues sintiendo inhibido o estancado, vamos a probar con un juego: piensa cuál sería el peor paso que podrías dar. A veces censuramos lo que queremos en el fondo. O necesitamos la libertad para probar varias opciones antes de decidir cuál es la mejor. En ocasiones contemplar el peor escenario posible nos otorga claridad.[101]

Un ejecutivo de la industria manufacturera debía decidir si aceptar un ascenso en su departamento, en donde ya dominaba todas las funciones que exigía el empleo y había tenido resultados extraordinarios, pero no soportaba el ambiente laboral; o bien, irse a una división internacional completamente nueva en donde no conocía a nadie y tendría que ponerse al día con 50% de nuevas responsabilidades, y rápido. En una semana tenía una reunión con los dos departamentos para negociar los términos. Cuando le pedí que propusiera su primer paso, respondió: "No estoy seguro. Le he dado muchas vueltas al futuro de la empresa y qué departamento me conviene más. Ya tengo toda la información posible sobre las dos opciones".

"¿Cuál es el peor paso que podrías dar?", pregunté. Cerró los ojos, hizo una pausa y se sorprendió respondiendo: "No me puedo quedar aquí otro año. No me da buena espina la dirección que está tomando mi departamento. Es hora".

Aceptó la oferta de la nueva división internacional. Contemplar la "peor" alternativa liberó su mente y le dio la claridad necesaria para decidir.

Este método de "la peor idea" tiene buenos resultados individuales e incluso mejores para negociaciones grupales.[102] De hecho, algunas empresas recurren a esta técnica para generar ideas innovadoras.[103] 3M la denomina "pensamiento inverso" o "darle la vuelta al problema".[104] Por ejemplo, cuando se plantean cómo lograr que más clientes se suscriban a su boletín, lo harían así: "¿Cómo hacer que la gente se dé de baja del boletín?". Si la respuesta genera pasos como: "incluir contenido irrelevante para las vidas de los clientes", "enviar correos frecuentes" o "no incluir ofertas o descuentos para productos que sabemos les interesan" se empieza a revelar la solución. Si comenzaste este capítulo con poca claridad sobre qué paso dar, intenta esta técnica y observa qué ideas surgen. Puede que te sorprendas.

Para terminar

¡Felicidades! Completaste la sección "El espejo" del libro. Te planteaste cinco preguntas y escuchaste tus respuestas con atención, así comenzaste tu negociación, muy por encima de donde estabas antes, y de donde empieza la mayoría. Descubriste mucha información para conocerte a fondo y descifrar tu problema, así como muchas posibles soluciones. Revisa tus respuestas una vez más y sintetiza tus últimos descubrimientos.

Ahora pasaremos a la ventana. Para algunos, verse en el espejo y hablar consigo mismo es mucho más exigente que hacerlo con un interlocutor. Para el resto... a lo mejor te preguntas: "*¿En serio tengo que hacerlo con alguien más?*"

Primero que nada, esa fue una pregunta cerrada, así que la voy a replantear. Cuestiónate: "¿Qué puedo ganar al formular preguntas a alguien más?". Esa pregunta es mejor. ¿Por qué? Porque desde luego no tienes que hacer nada. Podrías adoptar el enfoque "del avestruz", es decir, meter la cabeza en la arena y esperar a que desaparezca el problema. Pero si te animas, pese al nerviosismo, tienes mucho por ganar. Cuando animo a mis consultantes o alumnos a preguntar más y les enseño cómo hacerlo —lo cual, a fin de cuentas, es una ventana hacia alguien más— esto es precisamente una parte fundamental del *más* que ofrece este enfoque de negociación. ¿A qué me refiero?

- Más alternativas para una situación valiosa.
- Más seguridad de hablar con quien sea o manejar cualquier cosa.
- Más avances hacia tus objetivos personales, al comprender a quienes son importantes en tu camino al éxito.
- Más cercanía con alguien.
- Al formular preguntas que enriquezcan la información que tienes, obtienes más ventaja en tu siguiente negociación.
- Más tranquilidad para conversar con honestidad y empatía.

Pero no te preocupes, no lo harás solo. Al igual que en "El espejo" de este libro, seré tu guía en la siguiente sección. Te explicaré cómo plantear cada pregunta y cómo escuchar la respuesta para que obtengas el mayor provecho posible a la conversación. También revelaré qué puedes esperar cuando formules cada pregunta. Te daré sugerencias para dar seguimiento y diagnosticar cualquier dificultad. Por último, te ayudaré a aprovechar la información que reúnas con las preguntas de la ventana para concebir tu solución.

SEGUNDA PARTE

LA VENTANA

"Cuando la gente habla, escucha con atención.[105]
La mayoría nunca lo hace".[106]

—ERNEST HEMINGWAY

Sabemos, por experiencia, lo difícil que puede ser tomar en cuenta a otra persona; investigaciones también lo demuestran. La misma bruma que empaña el espejo y nos impide vernos empaña la ventana por la que deberíamos ver a la persona de al lado.

Incluso en circunstancias ordinarias nos cuesta ver a las personas con claridad, sin "la niebla" de nuestras experiencias, juicios y emociones. El oído, la vista y el tacto no siempre nos dan una percepción acertada. Y es todavía más complejo cuando negociamos o intentamos llegar a un acuerdo. En una conversación difícil es habitual no escuchar —o peor, infravalorar— lo que dice la otra persona.[107] Y cuando preguntamos algo, solemos formular preguntas cerradas, que limitan la comunicación y contribuyen a que la otra persona responda lo que quieres escuchar, no lo que quiere decir.

La sección de la ventana gira en torno a plantear las preguntas correctas y después escuchar las respuestas. Y para escuchar —de verdad— al otro, es preciso atender sus necesidades, reservas y sentimientos, no nada más preparar nuestra respuesta.

A veces mis consultantes aseguran que cuando negocian no es necesario hacer preguntas porque "ya tienen toda la información" o "lo han escuchado un millón de veces". Ninguna vez es cierto. Incluso no somos los escuchas perfectos con quienes creemos conocer de toda la vida, sobre todo cuando se trata de algo importante.[108] Nos distraemos, desconectamos o escuchamos las cosas a través de la estática de nuestras propias percepciones.

Es curioso, pero de todas las personas a quienes imparto cursos a lo largo del año —diplomáticos, abogados, ejecutivos, profesionales de los recursos humanos— las mejores escuchas son las niñas de diez años a quienes les doy clases de resolución de conflictos en mi Nueva Jersey natal. ¿Por qué estas niñas superan a los adultos a la hora de escuchar? Porque no piensan en ellas, y nosotros permitimos que nuestras necesidades y emociones tapen a quienes tenemos enfrente. Esta sección será útil para despejar tu ventana, para que escuches y veas a quien tienes enfrente. Y cuando lo hagas, guiarás mejor la negociación.

¿Escuchar a un adversario?

La mayoría entiende la importancia de escuchar a una pareja, colega o alguien con quien entabla una conversación importante. Pero quizá tengas tus dudas sobre escuchar a alguien con quien te enfrentas en una negociación reñida, con la idea de que en estas circunstancias no aplican las mismas técnicas.

Incluso si lo que negocies sea verdaderamente cuestión de ganar o perder, en la que sólo una persona se beneficia; escuchar y observar a tu oponente te otorgará franca ventaja, lo mismo que en los deportes, por ejemplo, el tenis: observar el ángulo de la raqueta o el movimiento de pies del otro jugador, así como escuchar el sonido que produce su saque, te dirá si esperar un tiro fuerte o un *slice* más suave. Te encontrarás en mejor posición para decidir tu estrategia.

Eso también es pertinente en las negociaciones monetarias. En vez de negociar manifestando la cantidad que quieres o expresando tu postura abiertamente, hacerlo preguntando a tu interlocutor sus necesidades, reservas y objetivos te dará oportunidad de presentar tu propuesta con éxito y obtener resultados de una situación que parece cuestión de ganar o perder. El profesor Leigh Thompson de la Escuela de Administración Kellogg descubrió que 93% de los negociadores omiten formular preguntas de diagnóstico a sus contrapartes sobre sus necesidades, reservas y objetivos en circunstancias en las que hacerlo hubiera mejorado sus resultados ampliamente.[109] Entonces, incluso si no concuerdas con él, escuchar a tu interlocutor favorecerá tu negociación.

Recuerda, muchas veces tu adversario en la mesa se vuelve (o sigue siendo) tu socio cuando cierran el trato. ¿El constructor con quien negocias la renovación de tu baño? Cuando acuerden el precio, le estarás confiando la construcción de una habitación que amarás mucho tiempo. Si eres una empresa de productos y negocias con tu distribuidor, cuando acuerden el precio y los términos, necesitas que sea un socio comprometido y entusiasta para que tu producto llegue a todos los hogares posibles. Incluso cuando mi esposo parece mi oponente (o viceversa), cuando termina el día seguimos durmiendo en la misma cama.

Cuando contemples cómo afrontar una negociación, piensa hasta qué grado vas a trabajar (o vivir) con tu interlocutor cuando concluya la negociación. El mundo siempre es más pequeño de lo que crees, todos estamos conectados de una u otra forma. Cuando tratas a alguien como compañero para resolver un problema es más fácil lograr tus objetivos, te ganas la reputación de negociador justo y contribuyes a que el mundo sea un poco mejor.

Escuchar: esencial pero no fácil

Escuchar es una herramienta fundamental para negociar, quizá la más importante. Debido a que es tan crucial, quizá creas que es sólo para alumnos de licenciatura o inexpertos. Para nada. Permíteme explicarte.

Practico yoga, tanto por mi cordura como la de quienes me rodean. Alguna vez uno de mis instructores más sabios me dijo que
una práctica avanzada no implica que uno haya dominado los equi-
librios más difíciles o tener la flexibilidad de una bailarina (pese a lo
que se ve en Instagram). Por el contrario, quiere decir que adquieres el nivel avanzado de conciencia de las posturas más elementales.

Para hacer una postura básica como "el guerrero", por ejemplo,
hay que ponerse de pie en el tapete de yoga con los pies abiertos a
lo ancho de la cadera, estirar los brazos en cada dirección, flexionar
la rodilla de enfrente, sacar el pie trasero unos diez grados y sostener la postura. Si no parece difícil, es sólo el principio para un
practicante avanzado. Cuando flexionas la rodilla, hay que alinear-
la con el dedo gordo del pie. El muslo frontal debe quedar paralelo
al piso, debes mantener el torso firme, los hombros hacia abajo, los
brazos bien estirados, el pecho abierto… y respirar.

Así como hacer esta postura, escuchar podrá ser fundamental,
pero no es fácil. Ser un negociador avanzado implica tener un nivel avanzado de conciencia, incluso con las herramientas más elementales.

Los negociadores más competentes son buenos para escuchar.
Investigación en torno a la teoría de juegos, es decir, el estudio de
toma de decisiones estratégicas, sugiere que la inconsciencia o la
ausencia de pensamiento estratégico puede ser producto de no comunicarse abiertamente con el otro y no mostrar interés por sus experiencias.[110] Estudios revelan que los escuchas empáticos conectan
mejor con la gente de su entorno, y la información que retienen de
una conversación es mayor.[111] La sección de la ventana te prepara
para hacerlo. De ahora en adelante, vas a llegar a tus negociaciones
cotidianas con una capacidad de escuchar revolucionada.

Cómo utilizar la sección de La ventana

En la sección "El espejo" trabajaste para comprender mejor tu situación y a ti mismo. En la sección de la ventana harás lo mismo, pero con otra persona. Recuerda que una negociación es cualquier conversación en la que dirijas el curso de una relación. Esta segunda ronda de preguntas no sólo te servirá para una conversación con tu jefe o con la contraparte de un contrato o litigio, sino en una serie de situaciones variadas, como establecer contacto con un posible nuevo cliente, hablar con tu amiga o pareja, fundar un negocio antes de tener un cliente.

Quizá te preguntes si leíste bien esa última línea: "¿en serio puedo usar esta sección si aún no hay clientes ni ninguna persona implicada?" sí, sin duda. Si eres emprendedor, sabes que uno de tus primeros objetivos cuando fundas una empresa es definir y entender a tu cliente ideal o mercado. Te toca guiar esa conversación con tus futuros clientes, antes de abrir las puertas de tu negocio. Responder estas preguntas en nombre de ellos es una forma maravillosa de hacerlo. Repasa las preguntas por tu cuenta, o con tu equipo, y respóndelas como si fueras el objetivo de tu empresa. Al final de la sección, habrás definido mucho sobre tu cliente para dar el siguiente paso.

Asomarse por la ventana

En esta parte del libro vas a formular cinco preguntas importantes, abiertas y revolucionarias sobre alguien más, y a escribir las respuestas. No temas: no vas sin preparación. Con estos cinco consejos cualquier negociación rendirá frutos.

UNO: ATERRIZA EL AVIÓN. A veces la gente se pone nerviosa ante la idea de plantear preguntas abiertas porque siente que son distintas de las que normalmente preguntamos, y sí lo son. Tal vez te pone nervioso preguntar algo cuya respuesta no conoces. O te intimida el silencio posterior.

Pero ten valor. Aterriza el avión. Es decir, pregunta... y ya.

Con frecuencia las personas formulan una pregunta muy interesante para luego hacer el equivalente verbal de planear por el aeropuerto: "Cuéntame de tus hijos... Yo tengo dos. ¿Cuántos años tienen?". Y así convierten una pregunta abierta ("Cuéntame de tus hijos") en una cerrada que seguro te van a responder con una o dos palabras "¿Cuántos años tienen?"). No arruines una pregunta abierta añadiendo tus palabras: "Sarah, entonces ¿qué opinas de nuestra oferta? Preguntaste por qué el sueldo base es más bajo que el de nuestra competencia, pero creo que te darás cuenta de que nuestra estructura de prestaciones fomenta el crecimiento, me gustaría que también tuvieras en cuenta la cultura corporativa... ¿ya revisaste nuestros programas de desarrollo profesional?". Si fueras Sarah, ¿acaso recordarías la pregunta original? Lo dudo. En este libro quiero enseñarte a guiar con resolución. Cuando formules las preguntas de esta sección, no añadas nada más, plantea cada una y espera. Aterriza el avión.

DOS: DISFRUTA EL SILENCIO. El silencio puede ser incómodo. Así que puede ponerte nervioso hacer una pregunta abierta y obtener segundos de silencio a modo de respuesta. Muchos llenan ese silencio con una pregunta más puntual o peor, emitiendo un juicio. Requiere valor hacer la clase de preguntas que vas a leer en esta sección. Éstas son importantes y abiertas. Dale al otro tiempo para pensar en su respuesta, no importa si está sentado frente a ti o están hablando por teléfono. Para quien escucha, el silencio puede ser un regalo.

Un ejercicio que pongo en práctica en mis talleres de negociación exige que la gente trabaje en parejas, uno de ellos habla tres minutos y el otro escucha en silencio. Muchos no son capaces de sentarse en silencio tres minutos. Y a menudo no se dan cuenta de que están hablando, ¡lo hacen por costumbre! Cuando un ejecutivo se dio cuenta de que había sido incapaz de guardar silencio 180 segundos, se llevó las manos a la boca avergonzado. "Sé que interrumpo a la gente. Pero nunca me había dado cuenta de qué tan grave era. Se acabó". El resto del taller que duró tres días, guardó silencio mientras los demás le hablaban. Al final me agradeció y me dijo que a las pocas horas de aquel ejercicio, ya notaba lo mucho que el silencio iba a mejorar su vida personal y profesional.

¿Por qué nos cuesta tanto estar en silencio, incluso unos segundos o minutos? Comúnmente creemos que debemos hablar para conectar, cuando el silencio sería mejor, de hecho. Lizzie Assa, experta en el juego para la primera infancia, enseña a los padres el valor del silencio para enseñar a los niños a hablar. "Si los padres ven a su hijo jugando y dicen algo como: 'Ay, qué bonito', no están entablando una conversación, están emitiendo un juicio. El niño se siente evaluado y silenciado. Prefiero sentarme en silencio y observar. Es más probable que se sientan cómodos si me quedo reflexionando en silencio y se animen a hablar. Es cuestión de tiempo para que empiecen a decir sus primeras palabras. El silencio los hace sentir escuchados". El silencio también funciona con los adultos. Demuestra respeto, concede espacio para que tu interlocutor reflexione sobre sí mismo y su situación, y puede animar a la gente a hablar mucho mejor que formulando cualquier pregunta.

También hablamos para demostrar nuestra competencia o conocimientos, sobre todo cuando sentimos que nos están evaluando. Un ejecutivo me contó: "Hace mucho, cuando era gerente junior, empecé a organizar reuniones semanales con el equipo. Cuando mi director las observaba, sentía que debía demostrar mi valor, así que hablaba mucho más. Después me sentí incómodo, sabía que era mejor cuando permitía que los empleados guiaran el debate. Años después, me sentía más cómodo con el silencio. Con el tiempo, la dirección elogió mi capacidad para dar espacio a la gente para que contribuyera como una de mis fortalezas más grandes".

Por último, hablamos para controlar la conversación e irnos por lo seguro. Quizá nos enseñaron que debemos saber hacia dónde se dirige la negociación en todo momento, o que cuando negociamos, la seguridad y el éxito implican tener las respuestas listas. Pero ocurre lo contrario, mantenerse abierto y escuchar lo que tiene que decir tu interlocutor exige más seguridad y competencia. También requiere preparación. Cuando te has tomado el tiempo para descubrir tus prioridades y escuchar a tu interlocutor, podrás evaluar su discurso y compararlo con tu opinión, lo cual resulta en mejores soluciones.

TRES: DALE SEGUIMIENTO. Cuando la otra persona termine de hablar, quizá tengas un montón de ideas, reacciones o detalles específicos que necesitas saber ¡ya! Espera. El objetivo es pescar con red. En cada capítulo, te daré preguntas sencillas, abiertas para dar seguimiento y obtener más información. Son preguntas que ayudarán a la otra persona a entender mejor cómo piensan, se sienten y se comportan, en vez de llevarlos a una respuesta puntual.

CUATRO: RESUME Y PIDE RETROALIMENTACIÓN. Ya hiciste una pregunta abierta, escuchaste la respuesta con paciencia y le diste seguimiento con otra pregunta. Ahora querrás dar tu opinión. ¡Tienes tanto que decir! Antes de hacerlo, resume lo que tu interlocutor te dijo. Repite lo que crees que dijo y al final pide retroalimentación.

No te saltes este paso. Una de las herramientas más efectivas para negociar es resumir. Confirma a tu interlocutor que escuchaste y procesaste lo que dijo. Con un resumen las dos partes le sacan provecho a la conversación. Cuando tu interlocutor escucha sus palabras de tu voz, percibe información de la que quizá no se había percatado, además te ayuda a recordar mejor lo que dijo. Investigaciones señalan que cuando escuchas para entender a tu interlocutor, no para responder, escuchas diferente y mejor.[112]

Cuando conversamos, es común asumir que sabemos a qué se refiere el otro porque entendemos las palabras que pronuncia, pero muchas veces no es así. Nunca me ha quedado más claro como en mi primer viaje a Oklahoma, hace ocho años, cuando viajé con mi colega Shawn. Nuestro vuelo se retrasó y por fin llegamos a la empresa de renta de coches. En el mostrador nos recibió un atento joven que me preguntó a qué me dedicaba. Cuando respondí: "Soy profesora de derecho", me preguntó: "¿De qué da clases?".

Estaba cansada. Y estaba acostumbrada a la reacción de incredulidad ante mi respuesta, porque era novata, mujer y me veía muy joven. De su pregunta yo entendí: "¿Qué?, ¿usted, da clases?". Cualquiera sabe qué eso significa: "¿En serio?, ¿tú?". Así que respondí a gritos su pregunta completamente inocente: "SÍ, EN SERIO. Soy profesora de derecho". El empleado abrió la boca, en shock, y Shawn terminó de avergonzarme contribuyendo desde atrás: "¡Da clases de consolidación de la paz!". Resumir lo dicho por alguien es la mejor prueba de que entendiste lo que quiso comunicar (y al hacerlo, eludir la vergüenza que yo pasé en Oklahoma).

Cuando termines de resumir, pide retroalimentación. Me gusta hacerlo con preguntas abiertas, en vez de: "¿entendí bien?", me gusta resumir y concluir con: "¿omití algo?". Así invito a mi interlocutor a añadir lo que quiera. Es común que además de subrayar lo que acaban de decir, añadan algo más que se estaban reservando. La retroalimentación es importante, no sólo para asegurarte de haber entendido, sino porque enriqueces la información a tu disposición.

CINCO: ESCUCHA ENTRE LÍNEAS. Cuando alguien te hable escucha todo lo que dice su cuerpo, y lo que no. Observa el lenguaje corporal, el tono de las palabras y la ausencia de ciertas expresiones. Más de 50% de la comunicación es no verbal,[113] sin embargo, muchos no estamos habituados a poner atención más allá de las palabras.

Una de mis mejores alumnas, Kate, es coreana, y me presentó el concepto de *nunchi*, cuyo significado literal es "lectura de ojos". *Nunchi* es "leer" las afirmaciones, acciones, expresiones faciales y lenguaje corporal para tener el panorama completo de qué quieren decir y por qué. Michael Suk-Young Chwe, estudioso de la teoría de juegos, lo explica así:

Incluso cuando conoces bien a una persona, no siempre es fácil descifrar sus preferencias.[114] Por ejemplo, cuando hablas por teléfono con tu madre y asegura que no le molesta si no pasas Navidad y Año Nuevo en su casa, el esfuerzo —escuchar su tono de voz e interpretar sus indirectas— para descifrar, parcialmente, su verdadero sentir puede ser descomunal. Una persona con buen *nunchi* es capaz de entender[115] los deseos del otro (incluso cuando no los expresa de manera explícita) y leer una situación social rápidamente y aprovecharlo en su beneficio.

Cuando busques señales de lenguaje corporal no asumas que una expresión o una postura siempre quiere decir lo mismo. Por ejemplo, los brazos cruzados no necesariamente señalan una actitud defensiva; a lo mejor es frío. Es mejor observar: su postura, tono de voz o expresión naturales.[116] Mientras conversan, identifica cambios en su apariencia. Si alguien tiene la costumbre de cruzar los brazos, y cuando dices algo cambian de postura y se inclina para acercarse, es señal de que tus palabras tienen cierto efecto. A veces, en una negociación me doy cuenta de que las personas reaccionan a una propuesta porque se acercan a tomar galletas. Quizá les cambie el semblante, tenían el ceño fruncido y ahora sonríen, o viceversa. Todas estas pistas nos brindan información que van más allá de las palabras.

Para terminar

Así concluye la introducción de la ventana. En los siguientes capítulos desglosaré las poderosas preguntas mediante las que puedes adquirir la perspectiva de cualquier individuo o factor durante una negociación. Armado con las estrategias de esta introducción, estarás preparado para aprovecharlas todas.

SEIS

CUÉNTAME...

Ben McAdams, miembro vitalicio de la Iglesia de Jesucristo de los Santos de los Últimos Días,[117] una iglesia mormona, es el primer congresista de los Estados Unidos para el distrito de Utah.[118] Inusual para un mormón practicante, es demócrata.[119]

McAdams ha pasado buena parte de su carrera en la política de su natal Utah.[120] Un día en 2008, se subió a su coche para dirigirse a una reunión que le cambaría la vida a él y a muchos en su estado.[121] Y todo comenzó con una pregunta importante.

En enero de 2008, el año en que la iglesia mormona ayudó a que se aprobara la propuesta 8 en California, que prohibía el matrimonio entre personas del mismo sexo,[122] el entonces alcalde de Salt Lake City, Ralph Becker, propuso un Registro de Unión Doméstica, en el que estas parejas se podían registrar como tal con el fin de alentar a empleadores a aprobar seguro médico y otros beneficios de pareja.[123] El alcalde Becker y McAdams esperaban que este registro ayudara a las uniones del mismo sexo en Utah y beneficiara a todo el estado atrayendo más negocios a Salt Lake City. Sabían que había muchas empresas nacionales que querían que sus empleados recibieran beneficios, sin importar su estado de residencia.

Pero, como esperaron, la oficina del alcalde enfrentó mucha oposición, incluida la propia religión de McAdams.[124] Chris Buttars y otros en la legislatura del estado se opusieron al decreto al introducir una legislación que invalidara el registro de la ciudad y prohibiera a las municipalidades aprobar decretos similares.[125] Para muchos esta situación entre la iglesia y los defensores del matrimonio igualitario era una guerra en Utah.

Algunos en la oficina del alcalde perdieron la esperanza por el futuro del registro, pero McAdams creía que había forma de sacarlo adelante. McAdams, quien entonces trabajaba en la oficina del alcalde, llamó al senador Buttars para agendar una reunión en su casa.[126] McAdams llegó a casa del senador con una estrategia en mente: no exigió ni amenazó, decidió escuchar. Se sentó con Buttars en su sala y le pidió escuchar su perspectiva.

Los dos hombres conversaron durante tres horas, la mayoría de las cuales McAdams escuchó a Buttars. Más adelante declaró a *The Deseret News*: "En general, cuando escucho a los demás, encontramos puntos en común".[127] En la reunión se enteró de algo fundamental: a Buttars le preocupaba que el registro otorgaría derechos a las parejas del mismo sexo que las parejas del sexo opuesto no tenían. McAdams preguntó: "¿Qué tal si el registro fuera para que cualquier pareja —del mismo sexo o de sexos opuestos— se registrara para obtener los beneficios?".

Gracias a esta reunión arrancó una serie de negociaciones que resultaron en la creación del Registro de Compromiso Mutuo de Salt Lake City, decreto con un nombre distinto, pero la misma sustancia de la propuesta de la unión doméstica.[128] El Consejo de Salt Lake City aprobó el decreto modificado en abril de 2008, con apoyo de Buttars.[129]

Más tarde, la esposa de Ben McAdams, Julie (mediadora profesional), declaró a la prensa: "A Buttars le consternaba algo que no estaba en la propuesta tal como él lo entendía. Ben lo editó con esto en mente, pero no cambió lo que quería hacer. Si Ben no se hubiera reunido con Buttars para averiguar qué le preocupaba, no hubieran llegado tan lejos".[130]

Lanza la red más amplia

Ben McAdams descubrió el poder de una sencilla pregunta abierta para transformar una negociación en beneficio de muchos ciudadanos de Utah. A diario formulamos preguntas, sobre todo cuando negociamos, ¿pero son las correctas? En la sección "El espejo" aprendimos que la curiosidad y las preguntas abiertas revelan información muy valiosa. Ahora veremos cómo hacerlo con alguien más.

Vamos a empezar con una pregunta general que abarque todo lo posible. En este capítulo exploraremos el poder de la frase "Cuéntame": invita a tu interlocutor a compartir (1) su visión del objetivo o problema que los ha reunido; (2) detalles importantes relacionados con el problema u objetivo; (3) sus sentimientos e inquietudes y (4) cualquier cosa que quieran agregar. Es el equivalente de lanzar una red enorme al agua para atrapar todo lo posible. Es la pregunta más importante en cualquier negociación, con cualquier persona, en cualquier parte.

"Cuéntame": la pregunta abierta por excelencia

Como exploramos en la introducción, "Cuéntame" es la pregunta más abierta sobre cualquier tema. Anima a nuestro interlocutor a compartir lo que quiera sobre sí mismo o sobre un asunto particular. Esta pregunta fomenta la confianza, creatividad, entendimiento y soluciones asombrosas. Hay quienes denominan las preguntas de este tipo "manantiales de innovación" porque la información que producen tiene la capacidad de transformar instituciones e individuos.[131] En vez de pescar un pez con sedal, te permites encontrar abundancia de información para establecer una relación positiva con tu interlocutor.

Con "cuéntame" conoces la definición del problema según tu interlocutor

Cuando empiezas con esta frase, conoces la perspectiva del otro sobre su problema u objetivo. Si bien implica un esfuerzo intencionado, rinde frutos.

Ver las cosas desde el punto de vista del otro puede ser muy difícil. Es como ponerse unos lentes nuevos: al principio cuesta enfocar e incomoda, hasta que tus ojos se acostumbran. Sin embargo, es importante pues rompe con una visión maniquea de la situación (a veces tendenciosa) y nos obliga a sostener una "conversación de aprendizaje", como lo han denominado algunos expertos en negociación,[132] en la que comprendemos mejor el asunto en vez de estancarnos. Nos brinda información de calidad para partir de ahí, examinar cómo contribuimos (y cambiar si queremos) y nos empodera para diseñar una solución practicable.

Mila Jasey es miembro electo y oradora suplente de la Asamblea General de Nueva Jersey, en donde su labor de los últimos diez años ha sido la política educativa.[133] En 2019, ganó una batalla legislativa clave en torno a un tema polémico: los sueldos para los superintendentes de los distritos escolares.[134] Y lo hizo tomándose el tiempo para ver las cosas desde la perspectiva del otro.

En 2011, el gobernador de Nueva Jersey había instituido un tope salarial para los superintendentes, los jefes administrativos de cada distrito escolar, argumentando ahorrarle dinero al Estado.[135] Pero Mila ya había sido miembro de la junta escolar y anticipó las consecuencias inmediatas: los superintendentes con experiencia se mudaron de Nueva Jersey a Pensilvania y otros estados, en donde los sueldos eran más altos, y al distrito se le dificultó sustituirlos. La rotación de personal ocasionó ineficiencias presupuestales que terminaron con los prometidos ahorros. Y peor aún, perjudicó el desempeño escolar.

Mila identificó los problemas con claridad, pero también sabía que el tope salarial tenía algunos defensores. Así que se embarcó en una gira por Nueva Jersey para escuchar las opiniones de familias, juntas escolares y funcionarios en torno a la medida. En las zonas rurales descubrió que incluso la cifra tope —$175,000 dólares— era astronómica para la mayoría de las familias. Se preguntaban si era necesario ofrecer más dinero para atraer a candidatos talentosos. Y en los distritos más adinerados, en donde la gente pagaba elevados impuestos a la propiedad, les parecía una carga destinar más recursos para pagar sueldos. Mila escuchó las discrepancias y logró generar confianza y responder con eficiencia, coincidió con la gente en que los sueldos eran cuantiosos, pero también detalló por qué si el tope aumentaba las escuelas reducirían la rotación de personal o mejorarían el rendimiento académico. Repasó con las familias otras medidas para atajar la carga fiscal.

Poco a poco la opinión empezó a cambiar. Mila estaba lista para presentar una propuesta de ley que eliminara el tope salarial. Pero, necesitaba que la oradora de la asamblea lo sometiera a voto, y aún no la convencía. De modo que decidió entablar otra conversación de aprendizaje. Mila me contó: "En general, existe una suerte de protocolo en el gobierno estatal según el cual el personal sólo habla con el personal y la directiva con la directiva. Pero yo suponía quién era el más influyente. Así que acudí a él y conversamos largo y tendido. Les inquietaba dar la impresión de irresponsabilidad fiscal. Esta información me ayudó a preparar el mejor argumento: me centré en que no se habían materializado los ahorros esperados". Mila esperó meses, pero por fin una mañana recibió la llamada: se sometería a voto la propuesta. Nadie se opuso, ni siquiera los distritos que habían apoyado el tope. Así que se aprobó con un amplio margen. Los años que dedicó a escuchar cómo se percibía el problema entre la población rindieron frutos en un cambio de política crucial.

A veces el problema no es lo que crees

La belleza de "Cuéntame" es que a veces transforma tu opinión de las cosas. Lo experimenté de primera mano hace poco cuando me-

diaba un caso de discriminación laboral. Una de las partes alegaba
que lo habían despedido de una institución del gobierno de los Estados Unidos por discriminación racial. Meses antes de aceptar el
caso, las partes habían tenido una mediación telefónica conflictiva
que resultó en el rechazo de una oferta monetaria y un demandante
claramente molesto y sensible. El otro mediador se mudó de estado
y me pasó el caso. Hablé con él y decidí abordarlo de otra forma.
Pedí a las partes que nos reuniéramos en persona, en un lugar neutro o en nuestra oficina de mediación en Columbia.

Un abogado mercantil que había estudiado mediación viajó para
la reunión. El abogado dio su declaración introductoria, pero en
vez de preguntar al demandante por qué había rechazado la última
oferta monetaria de la oficina, preguntó: "Cuéntame qué significa
este caso para ti". Fue evidente que el demandante no se esperaba
esta pregunta. La respuesta nos sorprendió a todos: "Creo que en
el fondo quiero regresar a trabajar, incluso si implica una liquidación menor. Quiero sostener a mi familia, recuperar mi dignidad".
Terminamos cerrando una liquidación completamente distinta, que
convenía a las dos partes y satisfacía sus intereses. Los dos hombres cerraron la mediación con un apretón de manos y agradecie-
ron el debate productivo".

Cuando comienzas a negociar con la frase "Cuéntame", te pones en los zapatos del otro y muestras la apertura de aprender de
la conversación. Pero eso no es todo.

"Cuéntame" establece una relación con tu interlocutor

Terry Gross, célebre entrevistadora de la Radio Pública Nacional,
ha declarado que: "Cuéntame de ti" es la única frase que necesitas
para romper el hielo en una entrevista o conversación.[136] En un perfil que publicó The New York Times sobre Gross, detalla: "La belleza
de abrir con la expresión 'cuéntame de ti' es que te permite iniciar
una conversación sin el temor de incomodar o exponer a alguien

sin querer. Cuando planteas una pregunta abierta tu interlocutor te puede contar quién es".[137]

Cuando tu interlocutor siente que estás haciendo un esfuerzo genuino para entenderlo y escuchar su opinión, en vez de velar sólo por tus prioridades, te compartirá más y te escuchará con mayor apertura. "Cuéntame" no sólo te permite ver a la persona como individuo, también te pone tácitamente en su nivel y te invita a establecer una conversación contigo que promueve la confianza y apertura.

Asimismo, "cuéntame" comunica seguridad, lo que fomenta entablar buena comunicación con tu contraparte. Los mejores negociadores escuchan, son abiertos, no siguen un guion de puntos. Una de mis alumnas en Columbia recibió ofertas de trabajo de todos los despachos a los que solicitó. Si bien había sido una alumna inteligente, no tenía reconocimientos académicos, un prerrequisito común para conseguir entrevistas en los despachos de abogados más prestigiosos. Cuando le pregunté cómo lo había logrado, me contó que había usado la frase "cuéntame" con sus entrevistadores para preguntar sobre ellos y su camino en la empresa. "Quería escucharlos por lo menos en la misma medida que ellos me escucharon. Cuando terminaron de contarme de ellos y la empresa, resumí y seleccioné algunos temas de su discurso relacionados con lo que me interesaba del despacho o lo que yo podía aportar. Más adelante varios entrevistadores me dijeron que mi entrevista había sido de las mejores que habían tenido, porque tuve la seguridad de tratarla como si fuéramos equipos en la conversación. Así demostré que sabía escuchar, entender y gestionar con éxito una conversación. Y eso les indicó que también lo haría con sus clientes".

Abrir cualquier negociación con "cuéntame"

"Cuéntame" no sólo está reservada para un contexto profesional en el que no conoces bien a la otra persona, también en cualquier clase de negociaciones.

Cuando Jamie, exitosa fotógrafa familiar con experiencia en trabajo social, se prepara para hacer una sesión con una familia nueva, lo primero que pregunta es: "Cuéntenme de su familia", comenta: "Te sorprendería lo que aprendes. A veces uno de los padres está nervioso de posar y quiere orientación, en otras el niño tiene un trastorno del desarrollo neurológico y se le dificulta ver a la cámara. Cuando empiezo con esta pregunta, recibo toda la información posible para conocer a la familia y saber qué esperan de sus fotos".

Del mismo modo, Amy es fisioterapeuta con mucha experiencia, y también lo pone en práctica para ganarse la confianza de sus pacientes y definir los objetivos de la terapia. Explica: "Muchos le temen a la fisioterapia. Les preocupa que los lastime o les intimida la rehabilitación después de una lesión o cirugía. Por lo que me gusta empezar una conversación con un cliente nuevo así: 'Cuéntame de tu día a día' o 'Cuéntame de ti'. Si me cuentan que les gusta leer e ir a la biblioteca pero que les está costando ir, pienso: de acuerdo, podemos empezar por ahí. Lo más importante es ganarme su confianza. Porque entonces podemos trabajar juntos. Sé que así será más probable que me digan si algo les duele o si una semana se excedieron. Es importante saber qué disfrutan, qué los motiva. Porque si vinculamos la terapia con algo que les gusta, se facilita".

"Cuéntame" con seres queridos

Requiere práctica plantear esta pregunta a nuestros seres queridos. Incluso como mediadora profesional, un día me di cuenta, con vergüenza, de que todos los días había preguntado a mi esposo "¿Qué tal tu día?". A veces él respondía: "bastante bien", pero otras simplemente se encogía de hombros mientras revisaba la correspondencia del día. ¿Por qué? ¡La pregunta era completamente cerrada (y automatizada)! Cuando decidí poner en práctica en casa lo que enseñaba en la oficina, llegué del trabajo y le dije: "Cuéntame de tu día". Me sorprendió lo mucho que se abrió. Estaba terminando un proyecto complejo y estaba estresado. Los trenes se habían atrasado en la mañana de camino al trabajo pero se había encontrado con uno de nuestros antiguos compañeros de la facultad de derecho y tuvieron oportunidad de ponerse al día. Había tenido un buen entrenamiento en la mañana y se sentía vigoroso, etcétera. En estos días, lo primero que le pregunto a mi esposo, casi en cualquier ocasión, es "cuéntame".

También he usado esta expresión con mi hija de ocho años y, en ocasiones puntales, su respuesta me ha sorprendido. Un día la llevé a nadar a la alberca de la zona. Después de nadar casi todo el día, en la tarde salió de los vestidores llorando. Le pregunté qué tenía.

"Mamá, en esta alberca las regaderas son compartidas. Llegó otra niña cuando me estaba bañando. ¡Fue muy raro!"

Me quedé pensando: ¿se sintió incómoda con su cuerpo?, ¿estamos en ese punto en el que quiere más privacidad?, pero decidí preguntar: "¿Por qué te pareció incómodo?"

Resopló impaciente: "mamá, ¿no te parece obvio?". "No estoy segura. Dime por qué te incomodaste".

Respondió poniendo los ojos en blanco: "¡queríamos bañarnos con diferentes temperaturas!

"Cuéntame" nos permite escuchar lo que nuestra pareja o hijos están pensando, en vez de suponer que lo que nosotros pensamos es lo correcto. Cuando se formula esta pregunta con sinceridad, se percibe genuina y fomenta una respuesta sincera.

Te toca: ¿cómo plantear esta pregunta?

Ahora que ya sabemos por qué plantear esta pregunta —para aprender del otro y estrechar nuestras relaciones— vamos a trabajar en la mejor manera de hacerlo.

Vas a pedir a tu interlocutor que te cuente su perspectiva de la situación que están debatiendo. La forma de hacer la pregunta dependerá del tipo de negociación. Estos son algunos ejemplos de cómo hacerlo según la situación.

Al iniciar una negociación

Si iniciaste la negociación lo primero será exponer el tema y después pedirle a tu interlocutor que comparta su opinión. Antes de formular la pregunta, explica por qué solicitaste la reunión, sé breve, y aclara sobre qué quieres conocer su perspectiva.

Por ejemplo, Brittani le pidió al CEO de su empresa emergente una reunión para hablar sobre su sueldo. Lleva un año con la empresa como vicepresidenta de ventas de su región, ha excedido por mucho cualquier índice de ventas, y ha cerrado varios tratos clave gracias a los cuales las ganancias de la empresa han aumentado. La compañía se está preparando para reunirse con sus próximos inversores, por lo que Brittani contactó a la dirección para hablar de sus resultados y participar con un porcentaje mayor de las acciones. Su conversación podría iniciar así: "Muchas gracias por concederme tiempo. Pedí reunirnos porque, como creo que saben, quiero hablar de mi aportación a la empresa y las prestaciones que obtendré de aquí en adelante. Cuando llegué el año pasado, acordamos revisar los términos de mi contrato después de un año, cuando tuviéramos resultados que evaluar. Estoy muy satisfecha con mis resultados y entusiasmada de hacer de esta empresa mi casa a largo plazo. Pero antes de hablar del futuro, me encantaría escuchar su opinión sobre mi desempeño durante este año". De esta forma, Brittani planteó el asunto en su favor, pero también para que el CEO compartiera información y así completar el panorama.

Cuando alguien más inició la negociación

Para una reunión con un jefe, cliente o familiar cuyo tema no nos queda claro, podrías comenzar más o menos así: "Pediste verme. Cuéntame qué tienes en mente" o "Cuéntame qué esperas de esta reunión".

Cuando ambos deciden tratar un tema en especial

Si fue de común acuerdo y tienen un tema específico —por ejemplo, tu rendimiento en el trabajo o una discusión difícil en casa— lo recomendable es plantear una pregunta lo más general posible que incluya el "cuéntame": "Cuéntame tu perspectiva de lo que ha sucedido estos días". "Cuéntame de la vacante". "Cuéntame qué opinas de la liquidación". Cuando tengas duda, empieza con algo sencillo como: "Dame tu opinión".

Aterriza el avión

¿Recuerdas este consejo de la introducción de la ventana? Aquí empiezas a ponerlo en práctica. Aterrizar el avión significa preguntar "Cuéntame..." y esperar. ¡Aterrizar el avión es clave para esta pregunta! Es tu primera pregunta de esta sección, y debe ser muy amplia.

No concluyas con otra pregunta. He visto a muchas personas decir: "cuéntame qué te trajo aquí... ¿ya hiciste una oferta?". Empiezas con una gran pregunta abierta y la cierras por completo. En vez de mantener la apertura para escuchar a esa persona hablar de su situación en general, les recalcas que sólo te interesan las cifras. Pregunta y guarda silencio.

Disfruta el silencio

Es común temerle al silencio. Tememos no estar preparados para lo que nos espera del otro lado. Tememos que nuestro interlocutor sienta la presión o el agobio de la pausa. Pero "cuéntame" es una pregunta importante. A tu interlocutor le puede tomar tiempo reflexionar su respuesta. Dale tiempo. Si estás nervioso, cuenta mentalmente mientras mantienes el contacto visual y una expresión positiva. Desafíate a ver cuánto resistes sin romper el silencio. Si estás al teléfono, aprovecha para estirarte o ver por la ventana.

¿Sabes a quiénes les toma más tiempo responder esta pregunta?, a los niños. La primera vez que le pregunté a mi hija: "cuéntame de tu día", esperé a que respondiera. Y cuando digo que esperé, esperé varios minutos mientras tomaba notas en su cuaderno, caminaba por la cocina y después empezó a jugar con un *slime* que había hecho en el campamento de verano. Pensé qué había sido un fiasco, pero guardé silencio.

Después, sin prisa pero sin pausa, comenzó a llover información. Había tenido un supervisor sustituto. Les había pedido que guardaran silencio muchas veces. Alguien se metió en problemas. Comió pizza en el almuerzo. ¿Le ayudaba con su tarea de arte?... Y así empezamos con el pie derecho. El silencio funciona.

Seguimiento

Si mi pregunta favorita es "Cuéntame", ¿cuál es la segunda?

"Cuéntame más..."

Así es. Supongamos que preguntaste a tu interlocutor "Cuéntame" y obtuviste una buena respuesta. Si ya pediste su perspectiva sobre una situación o tema, entonces hay que dar seguimiento para obtener más detalles sobre asuntos importantes o reflexiones. Ya que escuchaste, resume y pregunta "Cuéntame más".

Por ejemplo, en una conversación con un empleado sobre cambios que quiere hacer en su puesto de trabajo, podrías decir: "¿Quieres más contacto con los clientes y mayor autonomía que en tu puesto anterior?, cuéntame sobre eso". Así la persona te dará más detalles sin recurrir a preguntas de respuestas monosilábicas que restrinjan la conversación.

Imagina que fuiste a pescar a tu sitio favorito. Lanzaste una gran red y sacaste veinte peces, algas y otras cosas. Te tomará un minuto revisarla y separar los peces de lo que vas a regresar al agua. Ahora quiero que observes bien esos veinte peces. Cada uno es valioso. Cuando planteas esta pregunta y obtienes información valiosa, debes tratar cada tema como un pez que cayó en tu red. Vas a dar seguimiento a cada asunto del que requieras más información, pidiendo más detalles.

Digamos que me pediste que te contara sobre mi último viaje a la India. "¡Fue una maravilla! Organizamos una Cumbre de la Paz en la que nos reunimos con embajadores de diversos países para crear asociaciones públicas y privadas para la consolidación de la paz. Mis alumnos hicieron una labor de investigación excepcional y también me asistieron en las clases. Nos quedamos en un hotel divino con unos jardines de ensueño, en donde traté de sentarme unos minutos todos los días. Logré llamar todos los días a casa, pero a veces mi hija estaba muy cansada para hablar. Fue difícil porque la extrañé mucho, sobre todo los últimos días del viaje. Hacia el final, dedicamos un par de días para viajar al Taj Mahal. Espero que esta reunión se celebre cada año."

La respuesta incluyó mucha información:

- La Cumbre de la Paz
- Mis alumnos
- El hotel y los jardines
- Mi tristeza por extrañar a mi hija
- El Taj Mahal
- Mi expectativa por el futuro de la cumbre

Digamos que te interesan los aspectos profesionales de mi viaje. Entonces me dirías: "Cuéntame más de la cumbre de este año" o "Cuéntame más de lo que hicieron tus alumnos en el viaje". Si te interesara más la parte recreativa, entonces me pedirías que te contara sobre el Taj Mahal.

El objetivo de "Cuéntame más" es mantener abierta la conversación todo lo posible. A veces la gente la abre muy bien, pero en la segunda vuelta la limitan precipitadamente. Por ejemplo, si después de pedirme que te cuente de mi viaje, me preguntas "¿Cuántos días duró la cumbre?". Es una pregunta muy limitada que no producirá la misma información que "Cuéntame más de la cumbre".

Si sigues conversando y pides que te cuenten más, la pregunta rendirá frutos que se reflejarán en el resto de tu negociación.

Resume y pide retroalimentación

Lo siguiente es resumir lo que te contó tu interlocutor y darle oportunidad de comentar. Para asegurarte de tener toda la información necesaria y demostrar que escuchaste con atención, resume. Debes hacer esto cuando responda "Cuéntame" y cualquier pregunta de seguimiento posterior.

Algunos de los grandes líderes de distintas profesiones conocen el valor de resumir. Recuerda a Stephen, el socio del despacho de abogados del capítulo 3 con el socio junior, Craig, que omitió la política de la empresa cuando presentó un caso en la corte sin la autorización de un socio litigante. Cuando Stephen habló con él, le pidió su opinión y después la resumió así: "Craig, creo haber entendido. El punto es que estás ocupadísimo, se trataba de un cliente importante y un rubro del derecho que conoces muy bien. Has participado en decenas de casos similares y estudiaste todas las leyes que aplicaban; conocías los hechos absolutamente, tu borrador de la querella estaba bien investigado y lo revisaste muchas veces. No intentabas ocultar nada, sino resolverlo. Estimaste que el documento estaba listo y que la autorización del socio litigante generaría más gastos al cliente. No querías cobrar a tu cliente $900 la hora para que lo revisara yo o alguien más del Departamento pese a todo lo anterior".

Cuando resumes, te aseguras de haber entendido todo lo posible de la conversación. Stephen me comentó que, al hacerlo, entendió la lógica de Craig. Además, redujo las posibles hostilidades y favoreció que Craig escuchara.

Después de resumir, pide retroalimentación. Me gusta hacerlo preguntando: "Es todo lo que tengo en mis notas. ¿Me faltó algo?". Cuando pido retroalimentación me aseguro de sacarle todo el provecho posible a la conversación, y que mi interlocutor sepa que de verdad me interesa escucharlo.

Stephen le pidió retroalimentación a Craig de su resumen. Craig agregó algunos datos. Si bien no consultó con un socio litigante, sí trabajó en el caso con un asociado litigante muy competente. Con ello, Stephen comprendió el caso con todas sus aristas y volvió a resumir añadiendo esto. El socio junior se mostró tranquilo cuando Stephen demostró haberlo escuchado. Y Stephen compartió las inquietudes del despacho con mejores resultados.

Pedir retroalimentación es el último paso clave para asegurarnos de haber escuchado y entendido la opinión del otro. Nos prepara para pensar en el futuro y concebir los pasos que queremos dar.

Escucha entre líneas

Cuando formules esta pregunta, pon atención a la expresión y lenguaje corporal del otro cuando responde. Stephen me contó que cuando se sentaron a conversar, Craig estaba muy tenso. Tenía el ceño fruncido y los brazos cruzados, quizás a la defensiva. Pero cuando Stephen empezó a resumir, Craig se fue relajando, se inclinó hacia delante y juntó las manos. Eso le indicó a Stephen que quería añadir algo. Cuando le dio oportunidad de escuchar su opinión y resumió lo que agregó, Craig sonrió por primera vez y se apoyó en la silla. Stephen leyó en la expresión y lenguaje corporal de Craig que por fin sintió que lo escucharon.

Para terminar

Ya aprendiste a plantear una pregunta abierta, darle seguimiento, resumirla y pedir retroalimentación. Empezaste a negociar con el pie derecho. Vamos a continuar la conversación para producir ideas para generar una posible solución.

SIETE

¿QUÉ NECESITAS?

Una alta ejecutiva de la televisión cruzó el país para negociar los términos legales de uno de los programas en su portafolio. Esperaba una discusión acalorada.

El programa en cuestión giraba en torno a una rutina de comedia. El programa se estrenó y la cadena recibió una sorpresa inesperada: una pequeña productora de contenido, conformada por un matrimonio, tenía una rutina de comedia que se había transmitido en un canal regional, y demandó por violación de marca registrada. Su programa llevaba dos años al aire y la pareja sintió que la cadena quería sacar ventaja de su reputación y exposición usando un título similar.

La cadena cambió el título de inmediato. Pero la pareja se negó a desistir. El litigio resultante parecía no tener fin, suponiendo gastos altísimos para las dos partes. La ejecutiva viajó para mediar, con una estrategia de cómo abordar la reunión. Conocía la postura de la empresa: "No pagar ni un centavo. Si llegamos a juicio vamos a ganar".

Llegó a la mediación con su ejército de abogados, se sentó y vio al matrimonio con su abogado. Repasó el plan que había trazado en el avión y sugirió a la pareja hablar sin abogados. La pareja se miró, hizo una pausa y estuvo de acuerdo. Todos los abogados salieron de la sala (visiblemente nerviosos) y miró a la pareja para preguntar: "¿Qué necesitan?"

Esta pregunta asombró y alivió a la pareja. Se quedaron pensando un momento y respondieron: "Adoramos el programa que

creamos. Es nuestra pasión. Demandamos porque temíamos no sobrevivir. Lo que necesitamos más que nunca es exposición. De lo
contrario, nuestro miedo se hará realidad". La ejecutiva se quedó
pensando y les hizo una oferta: ¿Qué tal anunciarse en otro de los
canales de la televisora? Tenía algunos espacios que ningún anun-
ciante había comprado, costaría muy poco a la cadena pero repre-
sentaría mucho para el grupo de comedia local debido a la exposición, que de otro modo no podría pagar por su cuenta. La pareja
parecía asombrada y aceptó la oferta. Así llegaron a un acuerdo.
Cuando la ejecutiva iba camino al aeropuerto, recibió un mensaje
de texto de la esposa dándole las gracias y algunas recomendaciones de lectura para su vuelo.

Esta pregunta abrió otra negociación. Como la cadena había esperado, la ejecutiva llegó a un acuerdo sin pagar nada. Pero generó
mucho más que un acuerdo de mediación. La pareja quedó impre-
sionada con el enfoque creativo y colaborativo de la ejecutiva, se
mantuvieron en contacto y con el tiempo se hicieron buenos amigos.
Más tarde, cuando la ejecutiva buscaba cambiar de lugar de trabajo,
la pareja la puso en contacto con gente de su cadena.

Esta pregunta transformó la situación y la vida de la ejecutiva
de manera inesperada.

Preguntar sobre las necesidades: punto de inflexión al negociar

Esta anécdota en la que la pregunta "¿qué necesitan?" transformó
un momento tenso entre la ejecutiva de una cadena y un equipo
conformado por un matrimonio, me inspiró para escribir este libro.
Demuestra la capacidad de una pregunta para convertir una situación beligerante en una oportunidad con beneficios de por vida.

Preguntar "¿qué necesitas?" cambia las reglas del juego. Te permite conocer los motivos detrás de una decisión. Es mucho más fácil negociar a partir de una necesidad que de una exigencia. Pien-

sa en el caso anterior. La postura de la pareja era: "Nos robaron el título por ambición. Nos deben una remuneración". La postura de la empresa era: "No les robamos el título. Más aun, no pueden demostrar daños y perjuicios. No les debemos nada". Si se hubieran aferrado a sus posturas, hubieran terminado con un resultado muy distinto, más costoso y menos productivo.

Ahondar en las exigencias de tu contraparte para revelar las necesidades que las motivan puede transformar sus ideas y postura en torno al conflicto Las necesidades, no los derechos, son el motivo por el que muchas personas demandan.[138] Las necesidades son el motivo por el cual adoptan la postura que adoptan. Y cuando descubrimos las necesidades verdaderas, éstas nos ayudan a generar mejores soluciones.

Se requiere práctica para identificar necesidades

¿Cuántas veces te has sentado frente a tu interlocutor, incluso con alguien a quien conoces muy bien, y le has preguntado qué necesita? La mayoría, incluidos los negociadores con experiencia, necesitamos practicar para formular esta pregunta y escuchar —de verdad— la respuesta. Sobre todo porque con el tiempo, siguen surgiendo las mismas exigencias, por lo que es fácil asumir que las soluciones son similares. Cuando ahondes de verdad, seguramente notarás que las necesidades individuales de las partes son muy distintas.

Mis alumnos de Columbia y yo mediamos muchas disputas laborales en las que tiene que ver el gobierno de los Estados Unidos y la diferencia en el resultado entre dos casos similares —por ejemplo, una mujer a quien le han negado un ascenso y demandas por discriminación sexual—, demuestra la distancia entre un acuerdo tras negociar y el problema inicial.

Imaginemos que dos mujeres del Instituto X llegan al mismo tiempo a mi oficina. Cada una tiene la misma postura: "Me negaron el ascenso por ser mujer". Invito a una de ellas a pasar, y repite su postura. Le preguntamos: "¿Qué necesitas?" y responde: "Como me negaron el ascenso, no pude pagar las terapias educativas ni médicas de mi hijo".

Sus necesidades son monetarias. Sin embargo, también tiene otras necesidades: todos los padres saben que la única manera de estar tranquilo es saber que hiciste lo posible por proveer a tu hijo, pero en este caso, su necesidad primaria y tangible es económica. Es probable que esta negociación concluya con un acuerdo monetario.

Entra la segunda mujer y aclara su postura: "Me negaron un ascenso merecido por ser mujer". Le preguntamos: "¿Qué necesitas?" y responde: "Necesito que ninguna otra mujer experimente lo que me pasó". Su necesidad varía mucho de la primera mujer, pues quiere un cambio institucional. Para esta demandante, quizá terminemos con un programa de capacitación entre los directivos centrado en la equidad de género en el trabajo. Una postura similar no tiene por qué implicar necesidades idénticas.

Revelar las necesidades también hace maravillas para temas de pareja. Tal vez tu pareja lleva años diciendo: "¡Nunca te acuerdas de limpiar el fregadero ni cargar el lavavajillas!" Es probable que la respuesta sea: "¡Lo hice ayer, además estoy agotado! Saqué la basura y ayudé a los niños con la tarea, ¿qué más quieres?".

De nuevo, el meollo de esta pelea son las exigencias. En cambio, cuando preguntes a tu pareja por sus necesidades, la respuesta será distinta. En una ocasión trabajé este asunto con una pareja y resultó que ella valoraba el fregadero limpio porque necesitaba paz y armonía cuando entraba a la cocina en las mañanas. El fregadero le daba esa sensación. Si encontraba el fregadero y la mesa de la cocina limpios, se podía relajar y comenzar mejor el día. La pareja empezó a darse cuenta de que la necesidad de su esposa no era controlar a su esposo, sino controlar su ansiedad. A cambio, él necesitaba cierta flexibilidad para los días particularmente ajetreados. Después de plantear sus necesidades, la pareja decidió que en ese caso prescindirían de sacar la basura y se dedicarían a limpiar la cocina. También se entendieron mejor y la convivencia en la casa mejoró.

Cuando identificamos las necesidades de raíz del otro evitamos las negociaciones infructuosas y creamos soluciones innovadoras, específicas y duraderas que funcionen para todos los involucrados. No cometas el error de asumir las necesidades del otro sólo porque su exigencia te suena familiar.

Te toca: cómo preguntar sus necesidades a tu interlocutor

Ya comenzaste esta conversación con toda la apertura posible de "Cuéntame..." y escuchando la respuesta. Estás listo para preguntar: "¿Qué necesitas?".

Personaliza la pregunta de modo que tenga sentido para tu negociación. Por ejemplo, si estás abordando a un comprador en Target para vender tu producto, podrías preguntar: "¿Qué necesitas de tus proveedores?" o "¿Qué necesitas de este acuerdo?". Si estás negociando con tu pareja cómo organizar el presupuesto de la casa y ver si les alcanza para unas vacaciones costosas puedes decir: "Cuando organizamos nuestros gastos, ¿qué necesitas?". Si estás negociando con un trabajador de la construcción: "¿Qué necesitas cuando trabajas con los propietarios?" o "¿Qué necesitas para terminar este trabajo?".

Aterriza el avión

Incluso los profesionales con experiencia o las parejas de muchos años dudan en plantear una pregunta abierta sobre las necesidades del otro. Se sienten más profundas, arriesgadas, distintas del tipo de preguntas habituales que hacemos. Muchos negociadores la plantean, pero después le dan esa vuelta metafórica al aeropuerto con

verborrea: "¿Qué necesitas?, siento que al principio de nuestra relación querías..." o "¿Qué necesitas?, ¿y si movemos esta cifra...?".
No temas formular esta pregunta tal como es, no sumes tus juicios
y no asumas estar más informado que tu contraparte. Sé valiente.
Plantea tu pregunta y aterriza el avión.

Disfruta el silencio

Dale oportunidad a tu contraparte para pensar y responder.

Seguimiento

En ocasiones, cuando le preguntas a alguien qué necesita, es probable que responda con brevedad y poca claridad, y quieras saber más,
pero no plantees una pregunta cerrada o peor, ¡una solución! Así ce-
rrarás el flujo de información y perderás una oportunidad. Recuerda
mi viaje a India, y continúa: "Gracias. Cuéntame más sobre_____".
    Muchos se equivocan con la pregunta de seguimiento, recuerdan
preguntar lo importante, pero pierden la disciplina en este punto.
Prueba con nuestra práctica: "Cuéntame más". Es muy útil cuando
preguntas: "¿Qué necesitas?" y te responden: "No sé". Cuando pides
más información general, puedes ayudar a tu interlocutor a aclarar
sus ideas: "De acuerdo, no estás segura de qué quieres. Cuéntame
en qué piensas". Y vuelve a disfrutar del silencio.
    Cuando planteas esta pregunta surgen dos grupos de necesida-
des que te sonarán de capítulos anteriores: intangibles y tangibles.
Veamos cómo dar seguimiento a ambas.

Necesidades intangibles

Ya preguntaste a tu interlocutor qué necesita. Gracias a investigaciones y la experiencia sabemos que esto proporciona información
importante, reflexiva, capaz de desbloquear un acuerdo o un con-

flicto.[139] No obstante, muchas necesidades son intangibles (como lo indicamos en el capítulo 2), es decir, son conceptuales, no concretas. Lo anterior nos lleva a nuestra pregunta de seguimiento que se repite del capítulo 2: ¿Cómo lo visualizas?

"¿Cómo lo visualizas?" ayuda a tu interlocutor a aterrizar sus necesidades en la cotidianeidad y visualizar cómo serían en la realidad; asomarse al futuro e imaginarse lo que le gustaría. Además, esta pregunta abre una ventana entre tu interlocutor y tú, y brinda detalles fundamentales para encontrar un camino que beneficie a ambos. Cuando la planteas, ayudas a tu interlocutor a concretar sus necesidades y recibes claves sobre posibles soluciones para el asunto que les compete.

Una coach de bienestar se reunió con su clienta con quien llevaba un año trabajando. La clienta, una mujer profesional, practicaba yoga con dedicación, padecía un trastorno alimenticio y estaba frustrada porque cada año, desde sus cuarenta, pese a todos sus esfuerzos, la báscula aumentaba un kilo o medio hasta que su ropa dejó de quedarle. En la primera sesión, la mujer estableció un objetivo de pérdida de peso de diez kilos. Tenía acceso a alimentos frescos de alta calidad, una membresía en el gimnasio: todo lo necesario para cumplirla. Comenzó a comer más sano. Cambió sus clases de yoga por entrenamientos más vigorosos entre cinco y seis veces por semana, incluidas pesas. No obstante, la báscula parecía haberse estancado a un kilo o medio de su peso original. Eso la obsesionaba. Expresó su frustración y desesperación a su coach, quien respondió de inmediato y agendó una cita.

En esta ocasión su enfoque fue distinto. Le pidió a su cliente hacer a un lado el peso un momento y pensar qué necesitaba. Respondió de inmediato: "Necesito sentirme más sana y en equilibrio". La coach contestó: "Muy bien. Necesitas sentirte sana y en equilibrio. ¿Cómo lo visualizas?". La clienta se quedó pensando y replicó: "No sé...Creo que necesito descansar más y extraño practicar yoga. Era mi cordura y ahora estoy haciendo otras cosas para bajar de peso, pero termino más cansada. Entre el trabajo, el súper, el ejercicio y los niños, estoy tan exhausta que me descubro comiendo para mantenerme despabilada".

Con esto, la coach y su clienta tenían la información necesaria para proceder. Interrogándola así, la coach guio a su clienta para ponerse en contacto con su sabiduría interior y encontrar por su cuenta la solución al problema. Ambas se centraron en el descanso y el equilibrio. Adelantaron la hora de acostarse y concibieron una rutina de relajación vespertina para eliminar la necesidad de comer. Volvieron a integrar clases de yoga a su rutina de ejercicios y las combinaron con cardio. También propusieron atajos para preparar sus comidas y que no se sintiera tan agobiada. Sin menos presión y con una vida más equilibrada, la clienta se empezó a sentir mejor y a bajar de peso a un ritmo lento pero sostenido. Estos resultados se lograron gracias a la pregunta que ayudó a la coach y la clienta a conceptualizar la imagen de salud y equilibrio.

Me encanta la pregunta "¿Cómo lo visualizas?" y la utilizo en casi todas las negociaciones, pero la mayoría de los negociadores no saben que existe. O si la conocen no logran formularla, ¿por qué? Porque no han averiguado las necesidades del otro. En este punto ya se manifiesta tu esfuerzo inicial al formular preguntas abiertas y escuchar —de verdad— las respuestas.

Cuando llegues a esta pregunta, primero vas a expresar las necesidades del otro como las entendiste y después preguntar cómo las visualiza. Por ejemplo, estás hablando con uno de los propietarios de una panadería próspera: "Lilian, hace un momento mencionaste que una de tus necesidades más grandes es que en el trabajo reconozcan tus conocimientos. ¿Cómo lo visualizas aquí?". Después vas a continuar repitiendo sus palabras y averiguando con "¿Cuéntame más?". Si Lilian responde: "Me gustaría que los reposteros sigan mis indicaciones en vez de asentir con la cabeza y después preguntar a mi esposo", puedes responder: "De acuerdo, entonces te gustaría dirigir a los reposteros, y que ellos atiendan tus indicaciones, sin necesidad de corroborarlas con tu esposo; ¿de qué otra forma visualizas el reconocimiento en el trabajo?".

La generalidad de esta pregunta es crucial porque te permite ahondar en lo que el otro ve en su futuro. De nuevo debemos resistir el deseo de concluir con preguntas de seguimiento cerradas. Porque esa clase de interrogantes suelen reflejar nuestros juicios sobre la persona o situación, que pueden distar mucho de la realidad. Si tu hija preadolescente necesita más libertad en casa, resiste pregunta algo como: "¿cómo te imaginas la libertad? Espera, ¿otra vez vas a pedir un iPhone?". Como madre de una preadolescente rara vez puedo predecir qué tiene en la mente. Disciplinarme para escucharla nos ha acercado mucho más y me ha permitido conocer a la persona que es y en la que se está convirtiendo.

Esta pregunta también es importante si estás negociando con un necio, aquel que ha descartado todas tus ideas diciendo: "Eso no va a funcionar" sin haber sugerido nada positivo. Cuando plantees una pregunta que ponga la bola en su cancha como: "¿qué tipo de solución factible tienes en mente?", y luego esperas en silencio, lo obligas —perdón, lo invitas— a participar activamente para encontrar una solución.

Si se trata de necesidades tangibles

Si te responden con necesidades tangibles (por ejemplo, "Necesito que me reportes tus resultados por teléfono dos veces a la semana") entonces sabes cómo contestar: "Ayúdame a entender: ¿En qué radica la importancia de hacerlo dos veces a la semana?".

Cuando alguien manifiesta una necesidad tangible replica con esta pregunta de seguimiento para ahondar en la necesidad intangible subyacente.

Una vez más, evita preguntar: "¿Por qué es importante?", mejor pregunta: "¿en qué radica la importancia de...?" o "cuéntame más..." Si hay alguna dificultad previa o patrones de comunicación insatisfactoria, la pregunta "¿por qué?" puede parecer conflictiva o agresiva. Los trabajadores sociales no tienen la costumbre de preguntar "¿por qué?" pues buscan ganarse la confianza y la buena relación con las personas.[140] Compara: "¿por qué no quieres cancelar tu membresía en el club de golf si estás teniendo dificultades financieras?" con "¿En qué radica la importancia de seguir asistiendo al club de golf?". No es difícil identificar que esta pregunta promoverá una respuesta constructiva.

De este modo, el colega que te pidió un reporte telefónico de tus resultados dos veces por semana podrá aclarar qué implica. ¿Es para comunicarse mejor con la junta directiva? ¿O necesita tener el control y la seguridad de que estás trabajando? La intención es llegar al meollo de su necesidad tangible para entender el problema y concebir posibles soluciones. Si responde que los reportes son para tener el control, pero sabes que dos veces por semana no funciona para ti, podrás trazar algunas propuestas. Cuando termines de resumir y le hayas dado oportunidad de darte mayor retroalimentación, reconoces su necesidad de estar al tanto de las cosas, pero compartes las dificultades que genera para ti producir los reportes y, finalmente puedes proponer ideas para llegar a una solución.

Otro ejemplo es una vicepresidenta de Fortune 100 en Nueva York, a quien a un año en su cargo ofrecieron la responsabilidad de otro departamento. El ascenso no implicaba cambio de título, pero tendría un perfil mucho mayor y exigía muchos viajes. Estuvo negociando el sueldo y llegaron al tope salarial para el puesto (que ella verificó tras investigar) relativamente rápido. Expresó que necesitaba mayor remuneración, a lo que respondieron: "Entendemos, pero llegamos al tope salarial. ¿De qué otro modo podríamos compensarte?" La ejecutiva lo pensó. Le interesaba el nuevo trabajo, pero implicaría pasar mucho tiempo lejos de su esposo. Dos veces al mes, un viaje de una semana. Les pidió que su esposo la alcanzara una vez al mes con los viáticos pagados. Esa "remuneración" correspondía a otro presupuesto. Estuvieron de acuerdo y cerraron el trato.

Si sabes que se te dificultará satisfacer las necesidades tangibles, una buena estrategia para avanzar es revelar las necesidades intangibles, después (tras completar las preguntas "cuéntame más..." y

"¿cómo lo visualizas?") pregunta de qué otro modo puedes cumplir con ellas.

Sintetiza y pide retroalimentación

Luego de inquirir, esperar en silencio y dar seguimiento con más preguntas abiertas, es momento de repetir lo que escuchaste. Resumir demuestra que escuchaste a tu interlocutor y procesaste lo que dijo. En especial, puede ser increíblemente catártico que escuchen tus necesidades.

Uno de los ejercicios que me enseñó mi mentora, Carol Liebman, consiste en separar en grupos a los alumnos para que se escuchen describir un conflicto que estén viviendo. Al concluir, sus compañeros de equipo resumirán lo que ellos necesitan. Hace poco puse en práctica este ejercicio en un curso para abogados de derechos civiles, y después el director del departamento se me acercó: "Ya sé que viniste a darnos un curso de mediación, pero acabo de experimentar algo mucho más poderoso. Tengo un conflicto laboral complicado que no me deja dormir. Que alguien haya escuchado y resumido mis necesidades me dio la mayor sensación de alivio que recuerdo haber vivido. Fue como ponerle gasolina al tanque para ponerme a trabajar y resolver el problema. ¡Voy a la oficina a hacer precisamente eso!". Cuando escuchas y resumes las necesidades de tu interlocutor, éste se siente escuchado y respetado.

Resumir las necesidades del otro también puede proporcionar información que no hayan tenido clara. Fue el caso de Andrea, empresaria que estaba en conflicto con su hermano menor Chad, quien tuvo una mala racha financiera, por lo que Andrea le compró un departamento y lo contrató en su empresa. Cuando trabajé con ella se confesó arrepentida: Chad se involucró sentimentalmente con una persona que tenía antecedentes penales por agresión y transacciones financieras ilegales; de pronto, estaba comprando coches que no podía costear y tenía la idea de invitar a su novia a trabajar en la empresa. Andrea recalcó la importancia de mantener una reputación impecable por el bien de su empresa y concluyó diciendo: "Creo que necesito distanciarme y no verlo en ocasiones sociales".

"Te dices arrepentida de haberlo contratado y valoras mucho tu reputación. Me pregunto si también necesitas distanciarte de él en el ámbito profesional". Ella asintió: "No quería pensarlo, pero sí".

Sintetizar también tiene efectos positivos para tu oyente. Te obliga a escuchar de otra forma, entiendes mejor a tu interlocutor. Tenemos la costumbre de escuchar a medias o con el lente de nuestra propia experiencia, pero si escuchas para entender lo que dice tu interlocutor, en vez de responder, lo haces diferente y mejor.

Cuando sintetizas también tienes la oportunidad de medir tu nivel de comprensión. Si creíste haber escuchado que tu cliente necesita comunicación por correo más frecuente, pero dijo que sólo necesitaba comunicación si se trataba de cambios personales o sustanciales, la diferencia es importante. Este último paso te da la oportunidad de confirmar que entendiste bien a tu interlocutor.

Siempre termina de sintetizar pidiendo retroalimentación para evaluar cómo te fue. Evita: "¿Entendí bien?" porque es lo mismo que pescar con caña, invita a responder con "sí" o "no". Mejor intenta con "¿cómo me fue?" u "¿omití algo?", para transmitir a tu interlocutor que esperas con gusto sus comentarios. Y una vez más dale toda tu atención y paciencia.

Escucha entre líneas

En ocasiones, cuando formulas esta pregunta a tu interlocutor, te responde directamente con sus necesidades. Pero en otras ocasiones revelar sus necesidades exige escuchar con cuidado entre líneas y atender las pistas no verbales. Por ejemplo, si después de resumir y preguntar "¿entendí bien?" tu interlocutor adopta un tono reticente o inquisitivo, sacuden la cabeza o miran al piso, entonces no expresaron todo. En ese caso, acostumbro a decir algo así: "Parece que me perdí de algo, por favor, ayúdame a entender mejor".

Ya preguntaste sus necesidades a tu interlocutor, ya le ayudaste a concretarlas o relacionaste sus necesidades tangibles con algo más profundo, ya sintetizaste lo que dijo y pediste retroalimentación, también observaste la comunicación no verbal y lo invitaste a sincerarse.

Ahora pasemos a la próxima pregunta, te daré una forma sencilla y efectiva, "sin terapia" para inquirir sobre sus emociones, como hiciste en el capítulo 3 con las tuyas.

OCHO

¿QUÉ TE PREOCUPA?

Raúl entró a la oficina de su jefe para una conversación compleja. Seis meses antes, buscando un nuevo desafío más allá de su portafolio local, había solicitado y obtenido el puesto de vicepresidente del área internacional de su empresa, a cargo de operaciones. Era un líder joven y dinámico con un estilo de dirección que inspiraba a su equipo milenial. El presidente del área internacional había pasado su carrera en esa área y lo ascendieron cuando la presidenta anterior fue designada CEO de la empresa.

Cuando Raúl ocupó su nuevo cargo se hicieron evidentes los desafíos de dirigir el área internacional. Los mercados internacionales experimentaban los peores embates de las fluctuaciones globales, y la empresa, veterana en la industria y con nuevos competidores cada vez más combativos, tenía dificultades. Una semana antes Raúl, nuevo vicepresidente de área, y su jefe habían tenido una reunión tensa con el CEO, Arya, quien había revisado el organigrama y preguntado por qué en el área internacional existían ciertos puestos que no existían en el área local. Raúl se quedó en silencio y respondió: "Es una pregunta interesante, lo revisaré".

Cuando después recordó esta interacción, Raúl me contó: "En ese momento, después de mi intercambio con Arya, mi jefe me miró con una expresión que no pude leer. Al principio creí que todo estaba bien, pero en las semanas siguientes sus mensajes eran más breves y menos frecuentes que de costumbre. Algo parecía raro... como si mi respuesta lo hubiera lastimado. Así que fui a su ofici-

na a hablar con él. Quería preguntarle cómo se sentía, pero temía
ser demasiado directo. No quería que se pusiera a la defensiva, que
creyera que lo tachaba de sensible. Decidí plantearlo así: 'Tal vez
sólo soy yo, pero siento que desde aquella conversación con Arya
la semana pasada, ha habido cierta distancia. Quiero entender qué
te preocupa'".

Su jefe se sinceró con él. Le contó que su rendimiento era excepcional, pero que necesitaba sentirlo como parte de su equipo.
El presidente tenía una lealtad extraordinaria a su equipo, que también habían crecido en el departamento. Había esperado que Raúl le
ayudara a articular las necesidades específicas de su área a Arya, o
por lo menos que se reservara su comentario hasta que juntos tra-
zaran una estrategia, no que de inmediato contemplara la idea de
hacer recortes en el equipo porque no existían los mismos puestos en el área local. Mientras hablaba con tono suave, Raúl entendió otra cosa: el presidente internacional anterior había tenido una
presencia muy notoria en la oficina, era extrovertido y exigía atención. Este nuevo presidente, su jefe, era un hombre callado, brillante
con las cifras, pero más reservado en las interacciones personales.
Al escucharlo, Raúl comprendió, en parte, lo había contratado para
compensar los rubros en los que no se sentía tan fuerte, pero esa
estrategia sólo funcionaba si sentía que trabajaban en equipo. Raúl
cayó en cuenta de que daba la impresión de que él quería el puesto del presidente, lo cual no era el caso. En su cargo estaba aprendiendo mucho y quería mantenerse en el área operativa, no asumir
la responsabilidad total de su área.

Raúl resumió las inquietudes de su jefe y agradeció su sinceridad. También por arriesgarse a contratarlo en este puesto y le contó
lo mucho que estaba aprendiendo. Juntos informaron a Arya sobre
las funciones del equipo internacional, y aparte trazaron planes de
contingencia por si la empresa insistía en hacer recortes. También
esbozaron una estrategia para futuras reuniones con Arya. Las cosas mejoraron en la oficina. Una vez más formaban parte del mismo equipo.

Averigua las inquietudes de tu interlocutor

El próximo paso es preguntar a tu contraparte qué le preocupa. Hacerlo te ayudará en cualquier tipo de negociación para obtener información muy útil y que tu interlocutor se sienta escuchado.[141]

Para entender y abordar las inquietudes de tu interlocutor sobre tu persona o empresa que puedan impedir cerrar un trato que beneficie a ambas partes, pregunta. Es habitual que las personas no compartan sus preocupaciones de forma directa; las reprimen, y como resultado la negociación no se resuelve o acuden a alguien más. Pero cuando preguntas frontalmente, te das la oportunidad de concluir la negociación con éxito.

Además, preguntar a tu interlocutor qué le preocupa es la mejor manera de revelar sus necesidades. Esto es particularmente útil cuando conoces a alguien o estás intentando hacerte de un cliente. Así llegarás al fondo de qué necesidades no está cubriendo y cómo puedes satisfacerlas.

Por último, es una pregunta extraordinaria para valorar los sentimientos de tu interlocutor sin tener que usar la palabra y exponerlo.

Aborda barreras para llegar a un acuerdo

Cuando averiguas si a tu contraparte le inquietan aspectos de tu propuesta o tu persona sorteas las barreras para llegar a un acuerdo. Esclareces por qué no has llegado a un acuerdo, qué lo detiene. Es común que nuestros clientes, parejas y colegas no expresen sus inquietudes con claridad. Quizás esperen tener permiso para compartirlas. Si no preguntas, no las revelan y puede que no lleguen a un acuerdo. Debes invitarlos a expresarse de forma adecuada.

En una ocasión estuve en contacto con una empresa para dictar una conferencia. Nunca habían contratado a un orador externo para orientarlos sobre cómo negociar, siempre recurrían a su personal interno. Les pregunté de forma directa: "Sé qué tienen un equipo de capacitación interno. ¿Qué reservas tienen de implicar a un orador externo?". Literalmente exhalaron de alivio, el director con quien estaba hablando me dijo: "Qué gusto que preguntas. En otras ocasiones sí hemos tenido inquietudes muy puntuales. La primera, el precio, y si podemos justificar dicho gasto adicional a la dirección. El segundo es el mensaje que trasmitiríamos a nuestros empleados porque lo normal es recurrir a nuestros capacitadores internos, no queremos que se sientan menospreciados, tampoco queremos que nuestros empleados tengan la impresión de que tenemos un problema serio y por eso trajimos a un orador prestigioso de fuera".

Con esta información estructuré la propuesta que satisfacía las necesidades de esta empresa. Incluí todas las compañías que había capacitado que también tenían equipos internos, para que la dirección explicara a sus empleados que hoy en día, para la mayoría de las empresas era importante contratar a especialistas externos en negociación. También agregué notas que explicaban por qué muchas compañías se inclinaban por contratar a oradores externos para capacitar a sus equipos en temas de negociación, que este entrenamiento era útil para que cualquiera desarrollara su carrera en sus empresas, incluso los capacitadores. Propuse ideas a la dirección de cómo implicar a sus capacitadores en mi sesión, para celebrar la experiencia de todos. Averiguar las inquietudes de este cliente me brindó información que me permitió cerrar el trato.

Además de sortear las barreras para llegar a un acuerdo, el otro motivo para averiguar las inquietudes de tu interlocutor es la compenetración y la apertura.[142] Demuestra que tienes suficiente seguridad para cubrir todas las inquietudes que surjan y que te interesa asegurarte de que ofreces lo adecuado para este acuerdo. Una exitosa marchante de arte me contó que ha trabajado en su credibilidad en el transcurso de los años escuchando las inquietudes de su clientela. Si una obra de arte que ha elegido para un cliente no cumple sus criterios, aconseja no comprarla, sin importar que no se gane comisión. Recomienda esperar la pieza que a la larga cumpla con sus necesidades. Y al hacerlo, se ha ganado la lealtad —y comisiones— de sus clientes.

Abordar necesidades insatisfechas

Cuando indagas sobre las necesidades de tu interlocutor identificas aquellas que no están cubiertas o que no le funcionan en este momento, tal como están las cosas. Si buscas asegurar a un cliente nuevo o cerrar un trato, querrás saber qué no funcionó en su situación pasada. Pregunta: "¿qué te preocupaba de tu acuerdo anterior?" De este modo, entenderás mejor sus prioridades y necesidades para cumplirlas mejor.

Elizabeth es agente de seguros, asesora a familias con empresas de bienes raíces o empresas grandes sobre sus necesidades de seguros. Un día, entró con su equipo a una sala de conferencias para reunirse con un posible cliente, una familia con distintas necesidades de seguros. La familia llevaba tiempo trabajando con otro agente, con quien decían las cosas iban "bien", sin embargo, habían convocado la reunión.

El equipo de Elizabeth inició la reunión presentando su empresa y enlistando lo que podían ofrecer. Elizabeth estaba observando a la familia para estudiar la situación, y pausó la presentación: "Antes de seguir, quiero asegurarme de ser receptivos frente a sus necesidades. ¿Qué les inquieta de su situación actual?"

La familia explicó que les preocupaba el servicio que les ofrecía su agente. Elizabeth resumió y dio seguimiento: "El servicio no ha sido lo que necesitaban. Cuéntenme más". Entraron en detalle. Su asesora trabajaba de medio tiempo. A veces la contactaban y no estaba en la oficina y tenían que esperar un par de días. No sentían que los cuidaba ni priorizaba sus necesidades.

En general, los agentes de seguros arman propuestas para posibles clientes que parecen hojas de cálculo, enlistan distintas pólizas y las cifras para cada una. Pero al terminar la reunión Elizabeth armó un plan de servicio que demostraba a la familia quién sería responsable de su cuenta, incluido personal de apoyo, en caso de que esa persona estuviera fuera de la oficina. Lo envió a la familia y el representante le llamó de inmediato: "Guau, no estamos acostumbrados a esto. Nunca había visto una propuesta tan centrada en el servicio". La familia le dio a Elizabeth su cuenta completa. Su pregunta no sólo atrajo una cuenta, se ganó la confianza de la familia. Cuando años después Elizabeth se cambió de empresa, estos clientes se fueron con ella.

Llegar a la raíz de los sentimientos

"¿Qué te preocupa?" es una forma muy efectiva de preguntar a tu interlocutor de sus sentimientos sin siquiera mencionarlos. Sabemos que los sentimientos son fundamentales para solucionar conflictos y llegar a acuerdos.[143] Muchos reaccionan mal cuando se habla de sentimientos, ya sea en contextos profesionales o personales. Puede ser difícil preguntar a un colega, a alguien a quien no conoces bien o con quien tienes un conflicto, cómo se siente sin que responda a la defensiva. Al negociar muchos no están listos para hacerle frente a sus emociones cuando su interlocutor se los pide. Y para empeorar las cosas, es común esta versión cerrada: "¿Estás molesto conmigo?", que en el mejor de los casos resulta en información limitada y suele agravar la conversación. Cuando preguntas a tu interlocutor sobre sus inquietudes, le das una entrada segura y abierta para hablar de lo que siente.

Recuerda la historia de Raúl con la que abrimos este capítulo. Él tuvo la impresión de que algo andaba mal en la relación con su jefe. Pudo haber trazado un plan con él para lidiar con su inquietud, pero no hubiera solucionado el problema de fondo: el presidente quería sentir que eran un equipo. Cuando le preguntó qué le inquietaba, sentó las bases para abordar el problema de raíz, en vez de darle vuelta a posibles soluciones para un problema desconocido. Así repararon su relación laboral, además de formular un plan para hablar con la CEO.

La entrenadora Autumn Calabrese me contó una anécdota en la que al afrontar las inquietudes de un cliente pudo negociar con él para acercarse a sus objetivos. Autumn trabaja con un número limitado de clientes de alto perfil en planes de entrenamiento y nutrición personalizados para bajar de peso. Con esta pregunta negoció con uno de sus clientes, un hombre en sus treinta, exitoso y obeso, que trabajaba en su estado físico y nutrición para estar más sano. "Un día estábamos entrenando y surgió algo muy importante. Tenía bastante sobrepeso, más de 200 kilos, por lo que hacer ejercicio era muy difícil. Hasta ese punto sólo habíamos entrenado. Pero ese día, le puse un ejercicio y me di cuenta de que estaba enojado. Cuanto más lo hacíamos, más se enojaba y se frustraba. Y cuanto más te enojas y frustras, menos atención pones a tu postura y movimientos, lo que puede resultar en una lesión, así que lo detuve: "¿Qué pasa?, ¿qué te preocupa?", él me contestó: "Estoy enojado porque no puedo hacerlo". "No creo que estés enojado por eso", repliqué. Nos quedamos sentados un minuto. "Olvídalo, no voy a seguir". "No te vayas del gimnasio. Siéntate. Cuéntame qué te preocupa."

Lo siguiente nos sorprendió a los dos. Muy pequeño había perdido a sus padres y lo había criado su abuelo. A los diez años, una mañana entró a su habitación a prepararse para la escuela y encontró a su abuelo muerto. Debido a ello vivió todo un año en adopción temporal, en donde vivió muchos traumas. Había varios niños en la casa y por la noche sus padres adoptivos cerraban el refrigerador con llave para que comieran en horarios adecuados".

Como resultado de este suceso traumático el cliente de Autumn desarrolló una relación nociva con la comida. Años después, a los treinta y tantos años, mientras entrenaba salieron a la superficie emociones que había reprimido durante años: la tristeza por la pérdida de su abuelo, la adopción y el abuso en torno a la comida. "Lo expresó y volvimos a entrenar porque ya habíamos abordado el problema de raíz. Cuando le pregunté qué le inquietaba concluimos que no era el ejercicio o las pesas, era algo más importante. Afrontarlo nos ayudó, a retomar el rumbo". Con esta pregunta abierta Autumn negoció la relación con su cliente para seguir trabajando.

Cómo formular la pregunta

En lo que queda de este capítulo vamos a estudiar cómo preguntar a tu interlocutor sobre sus inquietudes. Te daré sugerencias para allanar el camino y después responder a las reacciones. También vamos a cubrir qué hacer cuando ya resumiste las emociones de tu contraparte, pero no parece dispuesta a escucharte. Además, te daré estrategias para gestionar la retroalimentación.

Aterriza el avión

Esta pregunta genera nerviosismo, pues interrogar a alguien sobre sus inquietudes lo invita a compartir algo que puede no gustarte, con lo que no estés de acuerdo o para lo que no estés preparado. Ánimo. Para empezar, su inquietud no tiene que ver contigo, sino con algo o alguien más. ¿No sería útil saberlo? En segundo lugar, si la persona tiene inquietudes es mucho mejor conocerlas porque así puedes atajarlas y cerrar el trato, en vez de permitir que causen resentimiento y obstaculicen la negociación. No intentes adivinarlas ni concluir la conversación. Pregunta y aterriza el avión. Recuerda, si sigues las sugerencias a continuación no es preciso responder de inmediato. Tienes tiempo para reunir la información y formular un plan.

Disfruta el silencio

Ya formulaste tu pregunta, ahora disfruta (o mínimo permite) el silencio que le sigue. En este caso en particular la respuesta puede tardar más. No te apresures a llenar lo que percibes como tiempo muerto, porque no lo es, está vivo y lleno de posibilidades. Lo que surja después del silencio puede cambiar todo lo que sabes sobre negociar y tu interlocutor.

Seguimiento

Cuando preguntas a alguien qué le inquieta, puedes destapar sentimientos o necesidades insatisfechas que no han compartido con nadie. Por ejemplo, cuando Elizabeth indagó con sus posibles clientes, respondieron que necesitaban mejor servicio. La mejor manera de dar seguimiento y ahondar en esas necesidades es resumir (a continuación) y luego preguntar, como ella hizo: "Cuéntame más detalles". De esta forma facilitas que ellos (y tú) concreten esas necesidades para tratarlas en la negociación. En este caso, Elizabeth descubrió que mejor servicio implicaba que alguien siempre estuviera disponible para contestar el teléfono si necesitaban sus servicios.

Resume y pide retroalimentación

Insisto, es fundamental resumir la respuesta que recibas. Si repites lo que escuchaste le das oportunidad a tu interlocutor de opinar y corregir o añadir si es el caso. Por último, también demuestras que le das importancia a sus preocupaciones y te tomas el tiempo de entenderlas.

Escucha entre líneas

En el curso de las preguntas de la Ventana te he pedido que pongas atención al lenguaje no verbal, pero en este caso, debes fijarte en los silencios, es decir "leer entre líneas" para descubrir qué le molesta a tu interlocutor. Es particularmente importante porque cuando negociamos, es muy común que los involucrados censuren sus inquietudes, a menos que los invitemos de forma directa a compartirlas.

He perdido la cuenta del número de veces que he preguntado si una propuesta funciona y responden que sí ¡mientras sacuden la cabeza! Nikhil Seth de las Naciones Unidas me contó que en las negociaciones diplomáticas es clave preguntar las inquietudes de tu contraparte y que es posible que la respuesta no se exprese verbalmente. "Es preciso interpretar el lenguaje emotivo del otro —puede no ser verbal, sino lo que denomino 'los ojos del cuerpo'— para descubrir cómo se siente al respecto de determinado tema".

Cuando preguntes a tu contraparte qué le preocupa, pon mucha atención al lenguaje corporal y las claves en su expresión (por discretas que sean) que sugieran que se está reservando sus inquietudes. Cuando sucede, respondo (1) asentando respetuosamente la comunicación verbal y no verbal; (2) subrayo que respeto a la persona y su opinión; y (3) vuelvo a plantear la pregunta. Como mediadora, he preguntado muchas veces a los involucrados en una negociación qué les inquieta del asunto en cuestión. Si se encogen de hombros, miran al piso y responden "Sí, está bien", entonces ya sé que ese "bien" es "para nada" y que se encogen de hombros resignados. A veces respondo: "Tus palabras me dicen que bien, pero tu semblante indica otra cosa. Aquí el que decide eres tú, no yo, así que, si te preocupa algo, quiero entenderlo. ¿De qué me perdí?". Valoran esta respuesta y agregan lo que se estaban guardando.

Incluso tus seres queridos, familiares o personas cercanas, pueden reservarse sus inquietudes por temor o vergüenza. Hace poco mi hermano y mi cuñada tuvieron una niña. En nuestra primera reunión familiar, después de su nacimiento, me di cuenta de que a mi hija, que había sido la única niña en nuestra familia extendida muchos años, le estaba costando el cambio de atención. En un momento tranquilo le pregunté cómo se sentía: "¡No pasa nada, mamá! Estoy bien. Estoy cansada del viaje". Lo volví a intentar: "Sé que dices estar bien, pero te ves un poco triste". Esta vez se acercó para que la abrazara y me dijo que quería mucho a su prima, pero sentía que ya no les importaba a los adultos en la familia. Tuvimos una plática profunda en la que le compartí que, por ser la mayor en mi familia, también me había sentido relegada cuando nacieron mis hermanos. Escuchar lo que no dijo e invitarla a sincerarse conmigo permitió que conectáramos.

¿Qué pasa si tu interlocutor se resiste a responder? Digamos que le pregunto: "¿Qué te preocupa?" y arrastran su silla hacia atrás, cruzan los brazos y responden: "No sé de qué hablas". Es señal de que les preocupa que los expongas y por eso se ponen a la defensiva (también pueden sentir las "dos grandes": temor y culpa). Intenta esto: recuerda que, en la sección "El espejo", en la pregunta sobre los sentimientos, te conté una historia personal antes de pedirte que hicieras lo mismo. Vas a hacer lo mismo, así como hizo Raúl en la anécdota con la que inició este capítulo, cuando compartió con su jefe qué le preocupaba, antes de pedirle que hiciera lo mismo. Por ejemplo, podría responder así: "Siento que la pregunta no reflejó mis intenciones. Permíteme intentarlo otra vez: en el curso de esta semana me ha inquietado nuestra relación. Me preocupa que algo haya salido mal y no saber qué. Valoro mucho lo que tengas que decir. Así que aquí estoy para escuchar cualquier cosa que te preocupe". Es probable que, tras respetar su titubeo inicial y mostrar tu humanidad, el segundo intento tendrá mejores resultados".

Si aun así tu interlocutor insiste en que no le preocupa nada, te sugiero dejarlo por un momento. Cabe la posibilidad de que no esté listo para compartirlo. Mejor sigue construyendo la buena relación con temas triviales o pasa a las siguientes preguntas, pues ambas estrategias generarán sentimientos más positivos, y vuelve a intentarlo después, si la oportunidad lo permite.

Para terminar

Ya le preguntaste a tu interlocutor qué le inquieta y ahora entiendes mejor sus motivos. Vamos a la siguiente pregunta, en la que estudiarás un éxito previo para allanar el camino para tu negociación en el último capítulo y más allá.

NUEVE

¿CÓMO LO HAS RESUELTO OTRAS VECES?

Hace cinco años Rachel y Nick se graduaron de la universidad, llevan dos años de novios y hace seis meses se mudaron juntos. Al principio de su relación pasaban mucho tiempo en la naturaleza, los fines de semana hacían senderismo, y también cocinaban juntos. Nunca se habían sentido tan felices. Tenían muchas similitudes y compartían valores y puntos de vista fundamentales. Los dos sentían que lo siguiente era el matrimonio.

Rachel tiene un trabajo exigente en relaciones públicas y Nick es diseñador gráfico, con un horario estándar. Antes de su trabajo actual, Rachel fue gerente de relaciones públicas en una consolidada empresa de belleza, con un horario estándar, pero sin posibilidades de ascender. Después le propusieron trabajar en una empresa emergente de cosméticos y un ascenso a directora de relaciones públicas. Le entusiasmaba trabajar en una nueva empresa y representar productos que sí usaría. Pero dentro de poco tiempo su nuevo empleo consumía buena parte de su vida. La empresa se expandía rápido con todo lo que eso implica: rotación de personal, cambios de estrategia. Además, la jefa de Rachel renunció de un día para otro, a dos semanas de haber asumido el cargo, y ella tuvo que asumir más responsabilidades mientras encontraban a su reemplazo. De permanecer en la oficina empezó a viajar durante una semana, una vez al mes. Los cambios en la cultura laboral la sorprendieron más. Pasaba más horas en la oficina entre semana, en las noches y los fines de semana, además la consumían los mensajes, las llamadas y los "bomberazos". Su CEO tenía una personalidad excéntrica, exigía respuestas inmediatas, a veces se contradecía y gritaba. Para Rachel el estrés era frecuente. Incluso cuando parecía que no recibiría más mensajes el resto de la noche, por temor a perderse una notificación, seguía revisando su teléfono mientras veía la tele con Nick.

Nick empezó a resentir que Rachel ya no tenía tiempo libre, le ponía los ojos en blanco en señal de exasperación y hacía comentarios cortantes sobre su trabajo. Se empezaron a sentir distanciados. Disminuyeron las actividades del fin de semana, casi eran nulas. La última vez que habían hecho senderismo, estaban en una zona con mala cobertura de celular y Rachel pasó la mayor parte de la caminata estresada de perderse algo. Regresaron a casa en silencio.

Por fin, Nick y Rachel se sentaron a hablar. Nick sentía que Rachel priorizaba su trabajo por encima de su relación. Rachel le confesó que le frustraba que le pusiera los ojos en blanco, y también que se sentía indefensa porque la culpaba por algo que ella no podía controlar. La carga de trabajo había sido implacable. Rachel también se sentía desesperada por más equilibrio en su vida.

Nick aseguró: "Sé que somos diferentes. Yo necesito mucho tiempo libre y a ti siempre te ha gustado trabajar con dedicación. ¿Cómo has equilibrado tu vida en otros trabajos?" Rachel recordó que cuando salieron de la universidad, trabajó para una campaña presidencial como coordinadora en su estado natal. Los horarios eran intensos y las exigencias, inclementes. También había tenido una relación sentimental y había tenido dificultades para conectar. Pero en cuanto se aclimató al trabajo y se ganó la credibilidad de su equipo, había encontrado la manera de poner límites en sus fines de semana y noches entre semana. Revisaba con antelación las fechas límite de eventos y para recaudar fondos, después buscaba días menos ajetreados. Capacitaba a los internos para delegar. Después comunicaba con antelación cuando necesitaba tiempo libre y gestionaba que la cubrieran. Rachel incluso negociaba tiempo libre todos los días para correr o ir al gimnasio y que no la llamaran, salvo en emergencias. Se dio cuenta de que llevaba semanas sin correr y eso siempre le levantaba el ánimo.

Rachel empezó a pensar en voz alta, podría poner en práctica esta estrategia en su trabajo actual, pues ya había cumplido un año. Sí, tendría que trabajar algunos fines de semana, pero no todos. Por caóticas que fueran las cosas, empezaba a identificar el ritmo, como eventos o llamadas con los inversores y había posibilidad de tomarse algún tiempo libre. Además, ya era directora, y era una gran jefa, compartía información y estrategias con su equipo. Tenía una gerente de relaciones públicas maravillosa quien estaba pidiendo más responsabilidades. Con un poco de entrenamiento, la podría cubrir en ocasiones.

Con estas ideas Rachel se sintió mejor sobre su situación actual, y su relación con Nick. Sin embargo, también se dio cuenta de que, al detallar este logro previo, había podido salir victoriosa de la exigente campaña presidencial, en parte, porque la campaña tenía una fecha de cierre y porque su jefe la apoyaba. En este caso, no había un cierre y su jefa no siempre se comunicaba con respeto o consistencia. Si bien Rachel quería trabajar arduamente y desarrollar su carrera, también necesitaba tiempo para su salud y la gente importante de su vida. Recordar por qué su trabajo en la campaña había sido sostenible le permitió analizar si este trabajo era su mejor apuesta a largo plazo.

Rachel y Nick concluyeron esta conversación con un plan. Negociaría sus fines de semana, salvo en caso de emergencias. Dos noches por semana ella apagaría su teléfono a las siete de la noche, para cenar y hablar. Nick, en cambio, prometió apoyar más a Rachel en su situación laboral, si indicaba que estaba atendiendo una emergencia, Nick sería empático, no la culparía, y dejaría de ponerle los ojos en blanco. Rachel empezó a buscar trabajo, abierta ante la idea de quedarse y negociar sus necesidades o encontrar otro puesto de responsabilidad que también tuviera una cultura laboral sana y respetuosa. El siguiente fin de semana fueron a caminar y ambos sintieron que respiraban profundo por primera vez en meses.

Pregunta sobre un éxito previo

En este capítulo volvemos a viajar en el tiempo para animar a nuestro interlocutor a recordar cómo ha resuelto desafíos similares al que enfrentan ahora en conjunto.

Sabemos por la sección "El espejo" que recordar un logro previo tiene toda clase de beneficios. Cuando activamos nuestro banco de experiencias aumentamos las alternativas que tenemos de cara a la situación actual.[144] Además, la memoria influye en cómo decidimos y reaccionamos ante lo que tenemos de frente,[145] así como en nuestra motivación y empoderamiento, y nos empuja a resolver una dificultad.[146]

Cuando planteas esta pregunta a tu interlocutor te prestarás a conocerlo mejor como individuo y averiguar cómo ha tenido éxito antes. Reunirás información clave sobre qué le ha funcionado y qué podría funcionarle de nuevo en el futuro (en una negociación contigo).

Asimismo, esta pregunta remite a sentimientos positivos que empoderan, e investigaciones han demostrado que mejora nuestra próxima interacción interpersonal (¡en la negociación que tendrá contigo!).[147] En este capítulo te compartiré estrategias para guiar a tu interlocutor a adoptar una actitud ganadora, conectar con su sabiduría interior y generar ideas con las que ambos progresen. Y si no puede recordar un éxito similar, lo guiarás para encontrar similitudes con la situación actual. Juntos terminarán este capítulo empoderados y listos para lo que viene.

Recordar un éxito previo
contribuye a definir el problema
e idear soluciones

Cuando planteas esta pregunta permites que tu interlocutor recuerde y reflexione, a detalle, las técnicas y estrategias que le han funcionado en otras ocasiones. Así estará en mejor disposición de determinar qué estrategias servirán para esta negociación.

Recuerda que cuando preguntas: "¿Cómo lo has resuelto otras veces?", primero debes entender qué, es decir el problema u objetivo de nuestra primera pregunta de la ventana, "cuéntame". Regresa a esa respuesta para cerciorarte de haber definido el problema u objetivo con precisión. En el ejemplo con el que empecé este capítulo, Rachel y Nick apoyaron la necesidad de ella de trabajar con dedicación y también querían trabajar en su relación. En conjunto definieron el problema así: "¿Cómo respetar la ambición profesional de Rachel y al mismo tiempo encontrar espacio para nuestra relación?".

Cuando tengas claro el objetivo o el problema que quieres resolver, recordar un logro previo y similar es útil para evocar estrategias concretas que te puedan servir en tu negociación actual.[148] En muchos escenarios, con esta pregunta puedes entender mejor el problema y pensar en ideas para resolverlo.

Regresemos a Smith y Rosa, el trabajador de la construcción y la propietaria que habían trabajado muy bien en varios proyectos de remodelación en los departamentos hasta el más reciente, que terminó en conflicto. Imagina que se sientan a negociar y la mediadora pregunta: "De acuerdo, los dos dicen que su historial de colaboración había sido impecable hasta esta última ocasión, ¿cómo trabajaron juntos tan bien? La propietaria dice: 'Bien, fueron obras menos exigentes y tenía más tiempo para comunicarle mis decisiones de diseño. En esta ocasión tenía demasiadas cosas y él terminó escogiendo unas alacenas espantosas". El trabajador respondió: "Normalmente tenemos un contrato por escrito y siempre me había pagado un adelanto del 25%. Como ya habíamos trabajado en otras ocasiones, esta vez nos limitamos a un acuerdo verbal. Pero nunca me hizo ese depósito, es más, no me ha hecho ningún pago. Entiendo que su hijo estaba entrando a la universidad, pero ¿cómo justifica no pagar?".

Investigar sus éxitos anteriores nos dio mucha información para diagnosticar qué les había pasado y determinar cómo podían trabajar mejor en el futuro. Estos emprendedores eran víctimas de su éxito. No se trataba de un conflicto de personalidades, más bien resultado de que (1) había suficiente confianza para no redactar un contrato, que terminó siendo contraproducente; (2) el proyecto actual excedía la magnitud de lo que habían hecho juntos; (3) debido a compromisos personales no se habían podido comunicar sobre decisiones de diseño y (4) en el caso del pago, no habían seguido el protocolo habitual. Cuando contemplamos cómo habían tenido tan buenos resultados en otras ocasiones concluimos que su fórmula ganadora era redactar un contrato con fechas de pago y reservar tiempo para decidir sobre el diseño.

Inflarse de poder recordando un éxito previo

El segundo motivo para preguntar sobre un logro anterior es que tu interlocutor se siente seguro y motivado para resolver el problema que ambos enfrentan. En una negociación es muy útil recordar la sensación de poder o seguridad.

Investigaciones demuestran la importancia de "inflarse de poder",[149] como le denomina el profesor Adam Galinsky, de la Facultad de Negocios de Columbia, y sus coautores, al acto de "convencernos para sentirnos más poderosos de lo habitual".[150] Cientos de estudios han demostrado[151] que el simple hecho de recordar un momento en el que tuvimos poder produce los mismos efectos que tener poder en el presente.[152] Inflarse de poder puede ser particularmente útil en experiencias exigentes o estresantes, como una negociación.[153]

Recordar un logro anterior te infla de poder. Empleaste la pregunta en el capítulo 4 y aquí la vas a repetir para producir el mismo efecto con alguien más. Le vas a recordar aquella ocasión cuando las cosas le salieron bien, para que contextualice esta negociación. Al hacerlo se verá en la situación presente con una perspectiva más positiva y, a su vez, generarás soluciones más ventajosas para ambos.

¿Preguntar a un adversario sobre un éxito previo?

Cuando en mis talleres llegamos a esta pregunta, los alumnos a veces me cuestionan: "¿De verdad quieres preguntarle a tu adversario sobre un logro anterior?, ¿y si los dos están intentando beneficiarse todo lo posible de la negociación?".

Primero, recuerda que al negociar, tu adversario se convierte en tu socio cuando cierran el trato. ¿Estás pidiendo a tu jefe mejores prestaciones?, ¿negociando el idioma de ejecución en un contrato con otro país?, ¿abogando con tu cliente para que tu remuneración refleje mejor tu trabajo? Muchas de estas situaciones exigen que resuelvas con la persona sentada frente a ti, o que vuelvas a trabajar con ella cuando concluya esta conversación. Si preguntas cómo han resuelto situaciones similares en el pasado tendrás más opciones para elegir las que te convengan más.

El hecho de consultar las ideas de tu interlocutor no implica que debas adoptar todas sus propuestas. Recuerda, ya hiciste lo que correspondía para entender tus objetivos, necesidades e ideas. Cuando escuches sus proposiciones, podrás evaluarlas y contrastarlas con todo lo que descubriste en la sección "El espejo". Esta pregunta expande el universo de alternativas que también satisfarán tus necesidades. Si algo no te convence, podrás articular exactamente por qué y ofrecer otras alternativas.

Incluso si no tienes una relación cercana con quien estás negociando, esta pregunta sigue produciendo excelentes resultados. Por ejemplo, si la negociación trata de un posible trabajo, y no llegas a un acuerdo con el gerente de recursos humanos con relación al sueldo, preguntar cómo han resuelto una disyuntiva similar te puede brindar información útil. Tal vez al final no te ofrecieron un sueldo competitivo, pero sí un presupuesto para capacitación y desarrollo de personal interesantes; así que podrías preguntar a tu próximo posible empleador qué ofrecen en ese rubro.

Por último, preguntar a un adversario sobre sus éxitos previos también fomenta buenas relaciones. Cuando tratas a tu interlocutor como socio, aumentas las probabilidades de que quiera hacer algo que también te beneficie.

Tu turno en la ventana: a propósito de preguntar sobre un éxito anterior

Ahora que ya sabemos por qué esta pregunta es tan fructífera, es hora de pasar al *cómo*: tal como lo hicimos en el capítulo "El espejo", vamos a plantear la pregunta. Esta vez lo haremos a través de la ventana, para ver mejor a nuestro interlocutor y lo que piensa.

Aterriza el avión

Una vez planteada la pregunta, aterriza el avión. Recuerda, pregunta y... listo. Algunos ejemplos que debemos evitar son: "¿cómo los has resuelto antes?, ¿qué pasó con la reunión de ventas del año pasado?" o "desde mi punto de vista, has hecho muy bien...".

Disfruta el silencio

Ya que formulaste la pregunta, permite que reine el silencio. Dale oportunidad a tu interlocutor de revisar su agenda mental hasta que encuentre un éxito que tenga sentido. Si te piden ayuda, entonces sigue leyendo.

Seguimiento

La idea es hacerlo de modo que los dos le saquen provecho a la pregunta. Luego de plantearla, haz por tu interlocutor lo que hiciste por ti, permítele imaginar con todos los detalles posibles cómo fue y se sintió ese logro previo, ¿recuerdas que te pedí que cerraras los ojos y lo visualizaras a detalle, cómo se sintió, sonó y a qué supo?, ¿qué postura tenías o en dónde estabas? También te pedí que recordaras lo que te llevó a ese momento: cómo te preparaste, qué pensaste, tus actividades y emociones.

Lo hiciste porque es información útil: recordar todo lo que precedió un éxito te ayuda a prepararte para repetirlo. Además, investigaciones demuestran que es más probable que te vaya mejor en tu próxima negociación si recuerdas casos de éxito personal.[154] Cuando formulo esta pregunta, procuro guiar a mis interlocutores para que recuerden de la forma más vívida posible, y tú debes hacer lo mismo, ¿cómo?, con dos estrategias clave que ya has practicado: dando seguimiento y resumiendo.

Repasa tus apuntes sobre los éxitos de tu interlocutor porque vas a pedir detalles de cada uno con la frase "cuéntame más". Por ejemplo: "gracias por esta información, es muy útil, ¿cuéntame más sobre el presupuesto para capacitación y desarrollo de personal?" o "Smith y Rosa, ¿me cuentan más sobre los contratos que elaboraron en otras ocasiones?". Después resume: "Da la impresión que se esmeraron mucho por obtener el presupuesto de capacitación y ha sido una buena decisión. La mayoría de sus competidores no lo tienen y les ha funcionado para conservar y desarrollar talento excepcional" o "Parece que antes asentaron las cantidades y fechas de pago, y acordaron tomar juntos las decisiones de diseño".

Cómo dar seguimiento si tu interlocutor no recuerda un éxito similar

Si a tu interlocutor se le dificulta recordar un logro anterior, quizá responda: "es la primera vez que me enfrento a este tema". De todas formas le puedes ayudar, pídele que busque cualquier similitud con la situación que les compete. De este modo tu interlocutor pescará con una red más grande y recordará un ejemplo que les dé información útil para su negociación.

Veamos algunos ejemplos de éxitos distintos, pero relacionados con la situación actual. Si estás intentando resolver con tu jefa que un cliente que al principio parecía contento ahora, cerca de la fecha de entrega, está cuestionando el proyecto completo, y es la primera vez que sucede, podrías preguntar si en otras ocasiones han rescatado una relación laboral en el último minuto, por ejemplo, con un colega. Tal vez las técnicas que emplearon también son pertinentes en este caso.

O imagina que Smith y Rosa, el trabajador de la construcción y la propietaria, nunca habían trabajado juntos. Pídeles recordar un éxito distinto, aunque con ciertas similitudes. Por ejemplo: "no has trabajado con esta propietaria, pero ¿cómo has culminado con éxito proyectos con otros clientes?" y a la propietaria: "te pareció que no hubo comunicación con respecto a las decisiones de diseño, ¿cómo las has comunicado con otros trabajadores?".

Si a tu pareja le preocupa un asunto de planificación financiera y es la primera vez que se enfrentan a ello, podrías preguntar: "¿cómo crees que hemos resuelto otras dificultades antes?". Con esta pregunta verá más allá del fracaso puntual y reciente que le consume y tendrá nuevas fuentes de información. Es importante dar seguimiento con una pregunta sobre sus emociones: "¿cómo te sentiste cuando lo resolvimos y nos acercamos de nuevo?". Así lo retomarán sus sentimientos positivos, y como resultado, tendrán la creatividad para resolver la nueva dificultad.

¿Y si tu interlocutor no recuerda ningún éxito? Como hiciste contigo mismo, pregunta en qué otro ámbito de su vida ha salido triunfante. En una ocasión hablé con una coach laboral, quien me contó que a un cliente se le estaba dificultando mucho definir sus objetivos para sus sesiones. El cliente, quien llevaba un tiempo fuera de la fuerza laboral, quería regresar a trabajar, pero sugería ideas poco entusiastas (y a veces dispares) que terminaba descartando, como resultado, no estaban avanzando. Ni siquiera podía actualizar su currículo ni asistir a un evento de *networking*. Cuando la coach le preguntó cómo había tomado decisiones laborales en el pasado se quedó paralizado, respondió que nunca había tenido éxitos en ese sentido. Había egresado de la universidad, probado brevemente con algunas cosas y después se dedicó a criar a sus hijos.

La coach cambió de enfoque: "No importa. Por eso estamos aquí, para ayudarte a arrancar, ¿en qué otro ámbito te has sentido exitoso?

"Supongo que bajé 35 kilos… y lo he mantenido. Hace cinco años me diagnosticaron prediabetes y decidí hacer un cambio" contestó él con timidez.

La coach se quedó pensando en este logro tan sobresaliente y le pidió detallar las acciones que lo llevaron a ese resultado. Vio cómo se iba sintiendo más seguro. Poco a poco empezaron a avanzar en su currículo y objetivos laborales. Aunque aquel logro no tenía nada que ver con su carrera, tuvo el poder de acercar a su cliente a sus objetivos.

Resume y pide retroalimentación

No sorprende que a la mayoría le encante escuchar sobre sus logros, por eso cuando los repito, me gusta demostrar que escuché todos los detalles. Vamos a poner el ejemplo de la jefa que tiene un problema de último minuto con su cliente. No tienes un éxito anterior, pero tu jefe te contó de una situación interna que resolvió con mucha presión. Tu resumen podría ser algo así: "No tenía idea de que habías resuelto un problema así hasta ahora que me lo cuentas. Supongo que es muy revelador que nadie más lo sepa. Para resumir, no hubo un problema con un cliente, sino entre dos ejecutivos de cuenta, y cómo se repartían las responsabilidades. El problema surgió en el último momento y lo resolviste reuniéndolos para evitar más malentendidos por correo. Ya en persona, les pediste que se centraran en el objetivo que compartían: esmerarse por el bien de su cliente y su desempeño. Escuchaste qué les inquietaba y se sintieron seguros tras ser escuchados. Y les pediste ideas. En última instancia, esta conversación les aseguró el papel que cada uno jugaba en la cuenta y continuaron con la división original de labores".

Así, tu jefa recordó lo bien que resolvió el problema y subrayaste todas las acciones puntuales que realizó para hacerlo. Tras mencionarlas podrás dirigirte a la última pregunta: resolver el problema del cliente.

Concluye la síntesis pidiendo retroalimentación para cerciorarte de no haber pasado por alto algo. Incluso después de resumir el logro de tu interlocutor, éste podría responder agregando más acciones que contribuyeron a ese logro, sucede con frecuencia. Por ejemplo, tu jefa podría decir: "Ahora que lo pienso, creo que también ayudó que después de nuestra reunión, hablé con cada uno por separado para agradecer su participación y ayuda para llegar a una solución en beneficio del cliente. Eso fomentó un ambiente positivo que contribuyó a sortear momentos de estrés más adelante". Tras la pregunta, tu interlocutor se siente de maravilla y genera muchas más ideas para la negociación.

Escucha entre líneas

Por último, pon atención al lenguaje corporal, a cualquier cambio en la postura, expresión o tono de voz de tu interlocutor. Si parece que en la conversación se va recargando hacia atrás y de pronto se sienta con la espalda recta o se inclina hacia delante, podría ser señal de interés. El tono de voz puede subir. Sonreír más o abrir bien los ojos. Recuerda que buena parte de nuestra comunicación es no verbal, y si identificas esas pistas, le sacarás más jugo a la pregunta —y a las demás de la sección de la ventana— para tu negociación.

Para terminar

Ya ahondaste en un logro previo de tu interlocutor que seguramente te dio pistas para resolver el desafío que enfrentan juntos. En la última pregunta vas a terminar de armar el rompecabezas y empezar a pensar en el futuro. Al final del siguiente capítulo estarás listo para triunfar.

DIEZ

¿CUÁL ES EL PRIMER PASO?

En tan sólo dos años, con la dirección de David Greenwald, el despacho Fried, Frank, Harris, Shriver & Jacobson LLP ("Fried Frank") se disparó del 2% al 10% en una métrica de satisfacción laboral muy importante, e incrementó la productividad y horas trabajadas.[155] Y todo empezó con un paso inesperado.

Cuando a finales de 2013 David se incorporó como presidente a Fried Frank, despacho internacional de abogados, se encontró con varios retos apremiantes:[156] "Nuestros ingresos habían disminuido y las ganancias estaban por los suelos. Habíamos salido de un año particularmente malo para el despacho en cuanto a nuestros resultados financieros. Pero no sólo ocurrió ese año. Cuando revisé los resultados de hacía diez años o más y los comparé con el crecimiento de nuestros colegas, me quedó claro que Fried Frank se había estancado".

¿Otro problema serio? La tasa de satisfacción de sus asociados estaba por los suelos. En los despachos de abogados, los asociados son abogados que no son socios ni propietarios del despacho. En despachos grandes como Fried Frank, los asociados componen buena parte de la fuerza laboral,[157] en muchos casos superan a los socios 4 a 1 o más. Esto quiere decir que de ese 2% muchos asociados son infelices, o que la mayoría del despacho es infeliz.

Todos los años la publicación *The American Lawyer* clasifica a los despachos más grandes del país a partir de varias medidas,[158] una de ellas es la satisfacción de sus asociados, abogados que están en su tercero, cuarto o quinto año de ejercer.[159] El rango de satisfacción general tiene en cuenta el entusiasmo de los asociados hacia el trabajo, las prestaciones, la remuneración, la relación con los socios, la capacitación y orientación, la apertura de la dirección sobre estrategias del despacho y la posibilidad de hacerse socio, la actitud del despacho frente a trabajo sin remuneración y horas facturables, y la posibilidad de que el asociado permanezca dos años en el despacho.[160]

En 2013, de los 134 grandes despachos del país que se incluyeron en la encuesta, la tasa de satisfacción laboral de los asociados de Fried Frank estaba en el lugar 132.[161]

David comentó: "En la siguiente junta con los socios les dije: 'la primera buena noticia es que no nos falta mucho para caer. La segunda es que tenemos grandes oportunidades de crecimiento'".

Contemplando el despacho, David se dio cuenta de que el problema de satisfacción de sus asociados no sólo se reflejaba en esa encuesta. "La baja moral se notaba en un par de cosas: la primera, la rotación de personal era significativa. En general, los despachos de abogados tienen mucha rotación,[162] y hasta cierto punto es lo esperado, pero el problema es, ¿a dónde se iba la gente?, ¿por qué? Los abogados se iban infelices y no regresaban a sus ciudades natales ni buscaban otro trabajo jurídico en una empresa. Se iban con nuestros colegas. En otras palabras, se trataba de abogados que querían practicar el derecho en un despacho, pero no en Fried Frank y queríamos cambiar eso". David también revisó las cifras de reclutamiento y se dio cuenta de que tampoco eran alentadoras.

Después de dedicarse a investigar los problemas del despacho, David se dispuso a cambiar la cultura, empezando por la comunicación entre asociados y socios. Y lo hizo desde arriba. A principios de 2015, instituyó dos reuniones anuales para hablar con todos los asociados sobre temas importantes, como la estrategia del despacho.[163] También se reunió con un pequeño comité de asociados.[164] Y lo primero que hizo fue preguntar qué hacer para mejorar las cosas. Para la primavera de 2015, después de que David se reuniera con los asociados y les pidiera ideas, *The American Lawyer* volvió a evaluar la satisfacción de los asociados en Fried Frank.[165] La tasa de satisfacción, que antes estaba por debajo del 100, subió al #16 de 101 empresas.[166]

A los asociados se les ocurrió una idea (no era lo que David esperaba), durante años habían solicitado un *lounge* exclusivo en la oficina central en Nueva York, un lugar en donde pudieran reunirse a hablar, trabajar o simplemente relajarse. Esta solicitud había sido ignorada. David aprovechó la oportunidad y presentó una solicitud el 15 de septiembre de 2015. Los socios lo aprobaron casi de inmediato, lo anunciaron en Día de Acción de Gracias y lo inauguraron en febrero.

¿Qué ofrece el *lounge* de asociados? Una mesa de futbolito, otra de ping-pong, una pantalla de televisión, sillones para relajarse, refrigerios y bebidas. Pero el significado para los asociados era mayor. David relató: "Lo que este espacio hizo para nuestra relación con los asociados fue enorme. Como empresa, nos dio credibilidad, solicitaron algo y lo cumplimos rápido. Nos ayudó a ganarnos su confianza. También mejoró el nivel de nuestras conversaciones. Creo que antes los asociados estaban acostumbrados a sentirse ignorados, así que no opinaban sobre temas importantes. Hoy en día hablamos de todo: nuestra estrategia internacional, rendimiento financiero, diversidad, el proceso de control de calidad. Cuando se dieron cuenta de que contemplaríamos sus opiniones, comenzaron a plantear preguntas maravillosas y a compartir sus posturas con nosotros. Nuestros asociados son el futuro del despacho. Constituyen la vasta mayoría de los abogados en el despacho. Un día, uno de ellos tendrá mi puesto. Son cruciales para nosotros, queremos y necesitamos que estén motivados y felices. Y el *lounge* fue un extraordinario primer paso en esa dirección".

En primavera de 2016 *The American Lawyer* volvió a evaluar la satisfacción de los asociados con Fried Frank. La tasa de satisfacción catapultó a los primeros diez lugares, ocuparon el octavo puesto.

Lo más extraordinario: los asociados estaban más satisfechos y trabajaban más horas. Entre 2013 —el año en que Fried Frank tocó fondo en la posición #132, y 2016, cuando llegaron al #8, el número de horas trabajadas por los asociados subió más de 10%.[167] Y también dieron un giro los resultados financieros del despacho.[168] En 2018, por primera vez en la historia del despacho, Fried Frank superó los tres millones de ganancias por socio accionista; esa cifra suponía un crecimiento de 100% con relación a 2013.[169]

Hace poco un reportero visitó a David para entrevistarlo sobre la transformación de Fried Frank. El reportero quería ver el *lounge* de los asociados, a lo que respondió: "Podemos verlo si quieres, pero no podemos entrar. Mi tarjeta de acceso no me deja". Con incredulidad, el reportero preguntó: "¿Eres el presidente y no puedes abrir todas las puertas del despacho?" David le explicó que los asociados pidieron un lugar sólo para ellos. Juntos recorrieron el pasillo y probaron la tarjeta de David. Fue denegada. Cumplió con su palabra.

Tu turno frente a la ventana

Hasta ahora, ya cubriste muchos aspectos de tu negociación: preguntaste a tu interlocutor qué opina de la situación, ahondaste en sus inquietudes y necesidades y le pediste describir cómo las visualiza. Ya analizaste cómo ha resuelto un problema similar con éxito y gracias a ello tienes más información útil en tu poder. Es tu última oportunidad para asomarte por la ventana y observar bien al individuo y la situación. Es momento de invitarlo a mirar adelante.

Preguntar "¿cuál es el primer paso?" a estas alturas es importante por muchos motivos. Es una pregunta que beneficia tu negociación pues genera muchas soluciones posibles. Escuchar a tu interlocutor no implica coincidir con él. El simple hecho de preguntar aumenta la probabilidad de que alguna de sus ideas también satisfaga las necesidades que descubriste en la sección del espejo.

Esta pregunta beneficia a ambos negociadores por varios motivos. Cuando preguntas a tu interlocutor cómo dar su primer paso juntos, lo tratas como socio, por lo tanto, es más probable que escuche y respete tus ideas, al igual que tú. A decir del profesor de psicología Robert Cialdini, cuando la gente negocia suele corresponder los gestos, es decir, si haces algo por tu contraparte, es muy probable que su respuesta sea la misma.[170] Cuando pides a un colega o un ser querido que te comparta sus ideas, también le das la oportunidad de mostrar liderazgo y motivación, lo cual le brinda felicidad en cualquier cosa que haga.[171] Investigaciones demuestran que cuando sondeas las ideas de tus interlocutores, cultivas "una mentalidad de crecimiento", como lo denomina la psicóloga de Stanford Carol Dweck, la cual está vinculada con el aprendizaje y los logros.[172]

Por último, preguntar a tu contraparte cómo comenzar es importante porque motiva y traza un camino a seguir, incluso si aún no conocen todos los pasos que quieren dar juntos.

Hacer partícipe a tu interlocutor en el primer paso para negociar mejor

Cuando negociamos, uno de nuestros objetivos es generar todas las ideas posibles con la esperanza de dar con la que nos permita cumplir nuestras metas. Quienes trabajan en ámbitos científicos saben que con frecuencia se requieren muchas ideas —muchas fallidas— para descubrir la que mejora la vida de las personas. John Kirwan, profesor de reumatología en la Universidad de Bristol se embarcó en un estudio para descubrir exactamente qué porcentaje de sus ideas eran exitosas en el curso de sus 23 años practicando su profesión.[173] Como académico tenía mucho éxito, muchas obras publicadas y citadas en su campo.[174] No obstante, muchas de sus ideas fracasaban.[175] Su estudio reveló que 75% de las 185 ideas que encontró en su archivo no resultaron en publicaciones.[176] Según su propia estimación, sólo 2.7% de sus ideas cumplían sus criterios para que las consideraba "particularmente buenas".[177] El profesor declaró a la revista *Quartz* que, pese a esta cifra, las ideas fallidas eran muy valiosas: "El punto es reconocer que en la ciencia (y quizás en

la vida) tenemos muchas ideas que no funcionan.[178] Al principio
no se sabe si una idea funcionará o no, es necesario explorarla para
descubrirlo. Es un proceso necesario... cuando formulamos ideas
que al final no resultan, no perdemos el tiempo, trabajamos para
generar ideas útiles".[179]

No importa la cantidad de ideas innovadoras que generemos
en solitario, no podemos asumir lo que nuestra contraparte piensa del futuro ni qué ideas alberga. Como en el ejemplo de David y
Fried Frank, en el proceso puedes encontrar una idea que satisfaga las necesidades de todos. Algunos padres que conozco que han
negociado con sus hijos el tiempo que pasan frente a una pantalla
y reportan que a los niños se les ocurren ideas creativas como zonas libres de tecnología dentro de la casa (como las habitaciones y
la mesa del comedor), iniciar "los sábados sin pantallas", en donde
juntos hacen una actividad en la naturaleza o un pizarrón de labores o tareas escolares para ganar tiempo.

Incluso cuando una de las partes que negocia tiene suficiente experiencia para proponer un universo de alternativas, invitar al
otro a contribuir puede producir beneficios para el éxito del acuerdo a largo plazo. Por ejemplo, investigaciones recientes demuestran
que cuando los médicos consultan con sus pacientes opciones de
tratamiento, mejora la conformidad del paciente con el tratamiento, así como los resultados.[180] En un artículo de *The New York Times*, "Teaching Doctors the Art of Negotiation" (Enseñar el arte de
la negociación a los médicos) el doctor Dhruv Khullar asentó lo siguiente: "en la profesión médica ya no dictamos un tratamiento a
los pacientes y esperamos que lo cumplan. Más bien, entre los dos
debaten sobre posibles tratamientos, estudian los costos y los beneficios, y resuelven la mejor forma de proceder".[181] Cuando esto
sucede, los pacientes se sienten más contentos con su médico y es
más probable que sigan el tratamiento, lo que produce mejores resultados y menores costos de atención médica.[182]

Por último, pedir a tu contraparte que contribuya con sus
ideas[183] es útil con los perdonavidas (palabra que utilizo para des-

cribir a la persona que descarta todas tus ideas sin proponer nada). Esta pregunta los invita a participar de manera más productiva para encontrar una solución.

Hacer partícipe a tu interlocutor en el primer paso en beneficio de todos

Todos los involucrados en una negociación se benefician con esta pregunta. Decidir en conjunto tiene ventajas a corto plazo (por ejemplo, la idea del *lounge* de asociados, cuya inversión fue baja y subió la moral) y largo plazo (asociados más contentos e involucrados en la toma de decisiones importantes).

Incluso si uno de los involucrados tiene más experiencia en negociar, cuando pregunta a su contraparte cuál es el primer paso que quiere dar, las ventajas son para todos. Retomemos el ejemplo del médico y su paciente. Investigaciones médicas demuestran que cuando un médico presenta al paciente una lista de alternativas y le pide su opinión,[184] las dos partes se benefician, pues es más factible que siga el tratamiento.[185] En este caso, el paciente se ahorra los costos de las consecuencias colaterales y una posible recaída, y el médico mejora las estadísticas y le ahorra dinero y recursos al hospital y las aseguradoras.[186] En una época en la que la negativa del paciente para seguir sus tratamientos genera gastos de miles de millones de dólares,[187] pedirle que participe en decidir el tratamiento produce[188] muchos beneficios para ambas partes.

Por último, contemplar las ideas del otro es sano para la relación, no sólo laboral, en donde los trabajadores prosperan cuando sienten una conexión con sus colegas,[189] sino también en las relaciones fuera del trabajo. Especialistas están estudiando qué se requiere para tener relaciones personales sanas, y las respuestas incluyen cualidades como empatía, capacidad de respuesta a las inquietudes de la pareja y confianza.[190] Cuando pides a tu interlocutor que te comparta sus ideas y lo escuchas, enriqueces todas esas cualidades.

¿Pedir escuchar las ideas de tu adversario?

Cuando reflexiones sobre cómo enfocar una negociación, siempre vale la pena contemplar hasta qué grado necesitarás trabajar con tu contraparte cuando concluya la negociación. En la mayoría de las industrias, sin importar el tamaño, el mundo es muy pequeño, sobre todo en los puestos de dirección. Gabriel Matus, abogado general de Excel Sports Management, una agencia deportiva, me contó: "Nuestra industria es particularmente pequeña. Cuando manejo a atletas de alto calibre, me encuentro con las mismas personas una y otra vez. En servicios profesionales como este, es importante conservar relaciones cordiales".

Mostrar interés en las ideas del otro es señal de respeto y colaboración; y es el último paso para generar confianza, a partir de la cual se construyen colaboraciones longevas, productivas y lucrativas. Demuestra tu interés personal o profesional por el otro.

En breve: en una negociación, pedir a tu interlocutor que comparta sus ideas no cuesta nada y las ventajas son inmensas.

Resolver problemas paso a paso

Escuchar el primer paso que proponga tu interlocutor los puede llevar a una solución más integral para todos los planteamientos puestos sobre la mesa. Si de la conversación surgen varias ideas, es recomendable iniciar con una, como hizo David con el *lounge* para asociados. Sabía que ese primer paso tendría ventajas simbólicas que iban más allá de crear un espacio para que los abogados se relajaran. Fue un recordatorio físico y tangible de que el despacho los escuchaba y valoraba sus opiniones.

En ocasiones hace falta poner en práctica las soluciones una a una. Quizá, de momento, sólo sea factible implementar un paso o intentar una estrategia antes de aplicar las otras.

Por ejemplo: Jamie jugadora de básquetbol universitario de primera división tenía serios problemas de espalda, una posible hernia discal que no mejoraba con descanso, así que se fue a evaluar a la Clínica Mayo.[191] Jamie, el médico y su familia sabían que había varias soluciones: la ruta conservadora que implicaba fisioterapia o cirugía.[192] El doctor consultó con la paciente y la familia qué primer paso querían dar.[193] Como alumna de segundo año, Jamie decidió que intentaría terminar su temporada de basquetbol.[194] Creía que la ruta conservadora se lo permitiría y se quedaría tranquila de haber agotado todos los recursos antes de la cirugía.[195] El doctor respaldó su decisión,[196] Jamie se comprometió a la rehabilitación y pudo terminar el año.[197] "Terminé la temporada relativamente bien. Seguía teniendo dolor, pero tolerable para jugar. La fisioterapia me ayudó mucho", relató más tarde a la Clínica Mayo.[198] Cuando concluyó la temporada y la resonancia magnética no arrojó mejorías, Jamie decidió someterse a cirugía:[199] la terapia física había aliviado pero no eliminado el dolor crónico.[200] Gracias a ese conservador primer paso Jamie y su familia estaban convencidos de lo que seguía;[201] la cirugía fue todo un éxito y Jamie regresó a las canchas para otoño.[202]

En ocasiones un solo paso salva vidas. Hace cerca de diez años, dos mujeres me acompañaron a una sala pequeña en el Bronx y se sentaron en lados opuestos de la mesa. Eran residentes de la misma unidad de departamentos y la tensión entre ellas ya había ocasionado agresiones físicas. La tensión era tal que sus familias, su pastor e incluso la policía, quien había acudido a la escena varias veces, recomendó asistir a mediación porque les preocupaba que la violencia siguiera escalando.

Una vez sentadas, las mujeres contemplaron con valor y franqueza qué pasaría si seguían en conflicto. Una le dijo a la otra: "¿Sabes qué? Podría lastimarte, lo he pensado, pero acabaría en la cárcel. Me quitarían a mis hijos y no tengo parientes, así que terminarían en adopción y no lo voy a permitir. Debe haber otra salida". Era evidente que no habría reconciliación, amistad ni apretón de manos. Pedimos a cada una que pensara en el primer paso hacia un futuro que no involucrara a la policía ni la cárcel. Lo contemplaron y acordaron no lastimarse. Cerramos la mediación con una oración de su pastor. Su viaje inició con un paso crucial que les cambió la vida.

En cuanto al "cómo"

¿Cómo formulas esta pregunta con eficiencia, sin cambiarla ni cerrarla? Estas son algunas ideas:

- ¿cuál es nuestro primer paso?
- ¿tienes sugerencias para nuestro primer paso?

Si la comunicación con tu contraparte es productiva o percibes que son capaces de dar más de un paso:

- ¿qué ideas tienes para el futuro?
- ¿qué tienes en mente para avanzar?

En las últimas secciones de este capítulo, te daré sugerencias para formular esta pregunta con los mejores resultados y solucionar las dificultades que se pudieran presentar.

Aterriza el avión

Ya pediste a tu interlocutor que te compartiera sus ideas. Ahora escucha sus respuestas. Esta pregunta puede originar soluciones inesperadas y ventajosas para ambos.

Disfruta el silencio

Se trata de una pregunta importante en la que pides a tu interlocutor que colabore contigo para diseñar un futuro juntos. Tal vez ya hicieron su tarea y tengan listas sus ideas, o necesiten tiempo. Y me refiero a más de dos segundos. He visto que en este punto muchas negociaciones flaquean. Una parte plantea la pregunta, espera dos segundos y vuelve a plantear otra pregunta, o aporta sus propias ideas. Ejemplo: "¿qué tienes en mente para avanzar?,¿empezamos con el sueldo?". ¡Resiste! Incluso si te desvías a otra pregunta, interrumpes la conversación y sesgas el resultado. Si tu contraparte necesita ayuda, la pedirá. De lo contrario, guarda silencio.

Seguimiento

Si tu interlocutor propone una idea y necesitas entenderla mejor, recurre a "cuéntame más". Si la idea es vaga o no estás seguro de cómo aplicarla, por ejemplo: "quiero que nos comuniquemos mejor con nuestros clientes", regresa a la pregunta de seguimiento del capítulo 7 ("¿qué necesitas?") y responde con otra pregunta: "¿cómo visualizas esta comunicación con los clientes?".

   ¿Y si tu contraparte sugiere algo… improductivo? En una ocasión me enteré de una negociación legal de alto perfil en la que, cuando pidieron ideas para la resolución del conflicto, una de las partes respondió: "Tengo una idea: vete a la _____". No voy a llenar el espacio en blanco, pero digamos que no sugirió nada productivo. Me ha sucedido más de una vez. Medio casos en Nueva York, en donde las amenazas vacías son parte del día a día. Una vez en un proceso pregunté a una de las partes con qué podíamos empezar, y frente a su contraparte, mi cliente respondió: "Tengo una idea: ¡descargas eléctricas!".

   Espero que no te encuentres en una situación similar, pero en caso contrario, te sugiero que lo manejes con una pregunta sencilla: "¿cómo nos ayudan (las descargas eléctricas) a lograr nuestros objetivos?". Si los he estado escuchando, entonces ya conozco cuáles son sus objetivos, necesidades e inquietudes. Así que puedo repetirlos y preguntar de qué manera esta idea nos acerca a ellos. Por ejemplo, si han mencionado que quieren pasar de página, podría responder: "Me compartiste tu objetivo de llegar a un acuerdo para seguir con tu vida, ¿cómo nos ayudan las descargas eléctricas a lograrlo?"

A veces basta con esta pregunta de seguimiento para obtener una respuesta más útil. Si no es así, hagan una pausa hasta que se pueda tener un debate más productivo.

Resume y pide retroalimentación

De nuevo sintetiza lo que escuchaste y pide retroalimentación. A veces, cuando las partes escuchan sus ideas de tu voz, tienen oportunidad de reflexionar y hacer cambios. Escuchar el resumen de David del *lounge* para asociados resultó en más ideas y a la larga, fomentó una cultura colaborativa.

Escucha entre líneas

Como siempre, pon atención a la comunicación no verbal. Por ejemplo: "Corrígeme si me equivoco, pero te noté indeciso cuando te pedí ideas. Quizá te preguntas si de verdad quiero escucharlas. Entiendo que no hemos tenido buena comunicación, pero me gustaría cambiarlo. Tus ideas son importantes. No te prometo que coincidiré con todas, pero sí las escucharé con atención".

Solución de problemas

Ya sabes cómo formular esta pregunta, vamos a cubrir algunas dificultades que se podrían presentar.

¿Cómo generar ideas en una negociación grupal?

Si la negociación es grupal, no importa si con familiares, colegas o naciones, probablemente requieras más deliberación sobre cómo generar ideas que simplemente plantear una pregunta. Durante años, se creyó que la lluvia de ideas en grupo,[203] un proceso mediante el cual los participantes en una reunión mencionaban todo lo que les venía a la mente, producía soluciones innovadoras.[204] Sin embargo, investigaciones recientes demuestran lo contrario pues puede producir ideas llamativas o superficiales que no sobreviven cuando se ponen en práctica, sobre todo para la resolución de problemas difíciles.[205] Es mejor darles tiempo a todos los participantes para pensar y reunirse con las ideas previamente formuladas. Para generar ideas, es mejor perfeccionar el trabajo individual.[206] Cuando oriento a clientes para diseñar el primer paso en una negociación, suelo interrogarlos de manera individual para generar ideas antes de reunirnos a evaluarlas.

¿Qué implica esto? La buena noticia es que llevas la delantera frente a quienes esperaron a la sesión de grupo para empezar a generar ideas. Ya has contemplado qué pasos dar, ya hiciste tu tarea, ahora estás invitando a tus contrapartes a hacer el mismo trabajo individual. Permíteles reflexionar.

¿Y si mi contraparte no está lista?

Prepárate para que tu contraparte no esté lista para responder al instante. Quizá necesita tiempo para digerir la información que resultó de las cuatro preguntas de la ventana y su respectiva síntesis. En ese caso, reúnanse de nuevo cuando ambos estén listos para debatir o comparte tus ideas y agenden una conversación para darles seguimiento.

¿Y si el primer paso parece automático?

¿Qué hay del escenario opuesto en el que el siguiente paso parece automático o integrado en el proceso? Por ejemplo, acaba de concluir tu primera entrevista con el departamento de Recursos Humanos, el siguiente paso es otra entrevista con la dirección. De todas formas, preguntaría: "¿Me puedes dar más detalles de los siguientes pasos?". Tal vez te sorprenda la respuesta, o te enteras del tiempo que requiere cada paso, quiénes decidirán o incluso la probabilidad de que tu solicitud siga su curso. También es señal de una persona motivada y organizada. Al final, siempre es mejor tener más información.

¿Y si soy el novato en la negociación?

¿Y si eres subordinado negociando con tu jefe y se espera que te presentes con un plan?, ¿qué pasa si tu jefe te pide que propongas el primer paso? Como has hecho con las preguntas previas, cuando tu contraparte hable, resume. Por ejemplo: "Bien, quieres saber qué opino. Lo anticipé, así que antes de esta reunión pensé en posibles primeros pasos. Tengo varias ideas que con gusto puedo compartir, o si prefieres compartir las tuyas para que las mías sean más receptivas".

¿Y si no se le ocurre nada?

¿Y si tu contraparte se queda en blanco? Cuando me pasa, intento esto: primero, si le tengo confianza, averiguo en qué consiste el obstáculo para ayudar: "¿qué parte de esta pregunta resulta difícil?". Dar la oportunidad de hablar de los obstáculos puede ser revelador.

Si tienes dudas, piensa en la "peor idea" posible. Cuéntale a tu interlocutor que tienes un truco que te ha ayudado a generar ideas y luego pregunta: "¿cuál es el peor paso que se te ocurre?". A veces, saber lo que no funciona brinda pistas para lo que sí.

Para terminar

¡Felicidades! Concluiste las diez preguntas. Reuniste muchísima más información que cualquiera, y en el proceso, tal vez terminaste por descubrir la solución de tu negociación. Es hora de conquistarla.

CONQUÍSTALO:
concluye la negociación

¡Felicidades! Terminaste *Pide más*. En este punto reflexionaste sobre cinco preguntas, escuchaste tus respuestas y resumiste la sabiduría interior que descubriste. Después planteaste las mismas preguntas a un cliente, amigo, pareja o colega, y terminaste con un universo de información. Escuchaste, diste la oportunidad al otro de hablar, diste seguimiento a sus ideas y las resumiste. Sortearon obstáculos y condujiste el curso de la relación. Estás en un gran momento, a diferencia de muchos negociadores, y con respecto a donde empezaste.

Quizá te preguntes: "bueno, ya formulé las preguntas, ¿y ahora, qué sigue?". Ahora das el siguiente paso para conducir tu futuro. La información que aprendiste en *Pide más*, te servirá para cualquier negociación: no importa si presentas una propuesta a un cliente, quieres cerrar un trato, resolver un problema personal, llegar a un acuerdo en una disputa o alcanzar un objetivo profesional.

Escribí este libro porque sé que la mejor manera de sacarle jugo a cualquier clase de negociación es preguntando. Pero también lo hice porque cuando escuchas, a ti mismo y después a los demás, te preparas para pedir más: de ti mismo y los demás. Quiero que utilices las herramientas que contiene este libro para pedir con audacia lo que necesites, sueñes, lo que sabes que rendirá frutos para ti y para alguien más, ¿cómo? Sigue leyendo.

Organiza la información que reuniste

Pide más te guía para plantear las preguntas adecuadas para explorar el pasado, darle sentido al presente y diseñar el futuro de una negociación. Cada pregunta tiene una función. Ahora que ya las respondiste todas, el panorama se empieza a ver así.

ESPEJO	VENTANA
Mi definición del problema/ objetivo	Su definición del problema/ objetivo
Mis necesidades/cómo las visualizo	Sus necesidades/cómo las visualiza
Mis emociones/inquietudes	Sus emociones/inquietudes
Mis éxitos del pasado	Sus éxitos del pasado
Mis primeros pasos	Sus primeros pasos

Esta tabla es muy práctica para colocar los resúmenes que hiciste al final de cada capítulo u otra información que consideres útil. En la parte posterior del libro la encuentras como folleto (también está en mi página alexcarterasks.com/readerworksheet).

Muchos somos pensadores visuales, por lo que puede ser práctico llevarla impresa a una negociación. Si tu relación con tu interlocutor es cercana o quieres fomentar la confianza después de un episodio difícil, contempla mostrar las preguntas y comparte que estás intentando abordar la conversación desde un nuevo ángulo. Para algunos, este acto de transparencia —compartir tus apuntes y tratar de resolver las cosas frente a ellos— podría ser un paso fundamental para confiar y progresar.

Establece aspiraciones exitosas con estas preguntas

Sabemos que cuando llegas a negociar con tus aspiraciones en mente es más probable que te vaya mejor que si lo haces preocupado por lo que vayas a perder. Para confirmar que tus aspiraciones son las indicadas recurre a las preguntas y las respuestas en este libro.

Primero, sabemos que las aspiraciones se basan en nuestras necesidades.[207] Al final de la sección del espejo, en el capítulo 5 ("¿cuál es el primer paso?"), te pedí que revisaras tus necesidades del capítulo 2 ("¿qué necesito?") y pensaras qué pasos las satisfarían por completo. Ahora que estás revisando ambas respuestas, ¿los pasos que describiste en el capítulo 5 las satisfacen por completo? De no ser así, añade más o modifícalos.

Asegúrate de que tus aspiraciones se justifiquen,[208] para esto recurre a las preguntas de la ventana. En la medida de lo posible relaciona lo que pides con cualquier información objetiva,[209] es decir, buscar muchas casas similares antes de hacer una oferta o estudiar los costos de operar un negocio antes de ponerle precio a tus productos. Ver cómo respondió tu interlocutor a las cinco preguntas de la ventana —su definición del problema, sus necesidades, emociones, éxitos e ideas para el futuro— también te dice cómo responderá ante tus propuestas. Asegúrate de que, si eres ambicioso al pedir, puedas justificarlo por lo menos con una de esas respuestas. Si buscas un aumento salarial de 20% y el objetivo de tu jefe es reducir los gastos todo lo posible porque la empresa quiere incrementar sus entradas, entonces te encontrarás con un obstáculo, a menos que identifiques otra necesidad que satisfarías si te aumentan el sueldo (limitar la rotación de personal) o demuestres de qué forma tu aumento salarial es compatible con el objetivo financiero a corto plazo de la empresa (como contratar a menos personal en un puesto innecesario o incrementar tus acciones, que se pagan después).

Estructura cómo terminar la conversación

Una vez que identifiques tus ideas y objetivos, estructúralos para obtener los mejores resultados.

Cuando estructuras tus ideas recurres a un recurso que utilizan muchos fotógrafos y artistas: pintas una imagen con tus palabras que resonará con la persona que la observa. Y no puedes hacerlo si no sabes qué temas, palabras e ideas darán en el blanco.

En otras palabras, no puedes convencer a nadie si antes no escuchas.

Estructurar es esencial. Todo negociador debería conocer y dominar este recurso clave. Si argumentas por qué tu departamento merece un aumento de presupuesto, y apelas a la idea de equidad en todos los departamentos, y lo que a tu jefe le preocupa son las ganancias esperadas tras la inversión, no va a funcionar. Si quieres convencer a tu hijo de probar una nueva actividad en la que no conoce a nadie con el argumento de que puede conocer nuevos amigos, pero a él le preocupa hacer el ridículo cuando intente algo por primera vez, no va a funcionar.

Estas son tres estrategias comprobadas para estructurar tus argumentos en una negociación:

Primero, de ser posible, estructura tus propuestas de manera que respondan a la definición del problema, las necesidades, inquietudes e ideas de tu interlocutor, no sólo las tuyas. Por ejemplo, si quieres ganar un proyecto de renovación en una casa y convencer a los propietarios de pagar más por tu propuesta que por la de tu competencia que tiene menor costo, entonces céntrate en sus necesidades de calidad, durabilidad y confiabilidad, y garantízales que vas a cumplir con ellas. Si quieres que tus hijos pasen menos tiempo frente a sus pantallas comenta que te enteraste de que en las mañanas se sienten cansados y si apagan los aparatos en la noche empezarán mejor el día. Ya escuchaste a tu interlocutor, ahora entiendes mejor cómo procesa la información y puedes presentar tus propuestas de la mejor manera.

Segundo, plantea a tu interlocutor lo que puede ganar, no lo opuesto. Estudios demuestran que los seres humanos eluden la pérdida, esto es, queremos evitar perder en mayor medida que ganar, y centrarse en las pérdidas puede limitar la flexibilidad y disposición del otro cuando negociamos.[210] Por ejemplo, en vez de decir a dos de tus empleados: "sé que son mejores amigos, pero necesito separarlos porque no quiero que se hagan grupos en la oficina", mejor: "cada uno me ha contado que quiere conocer a más colegas para seguir prosperando en la empresa. Elegí cambiarlos de lugar con el objetivo de propiciar el trabajo con gente nueva que será importante para su ascenso en el futuro". Las dos declaraciones son ciertas, pero una de ellas te dará mejores resultados.

Por último, sé honesto, claro y directo. Cuando estructures tu argumento querrás hacerlo de la mejor manera, pero también debes ser consistente con los hechos y la situación. Aunque se trata de dirigir la atención de tu interlocutor al argumento que quieres resaltar, no deberías mostrar una foto de la Casa Blanca y explicar a tu contraparte que está viendo las pirámides de Guiza.

La mejor manera, y la más compasiva, de conducir una relación es la claridad. Muchas veces enredamos las conversaciones ocultando cómo nos sentimos o qué queremos. Por ejemplo, en vez de decir: "me siento atacado cuando hablas de cómo gasto el dinero", usualmente cubrimos nuestra emoción y contraatacamos: "qué curioso que me hables de gastos porque tú sugeriste que nos fuéramos de vacaciones..." Este tipo de argumentos provocan que las emociones vayan escalando sin llegar al fondo de las cosas. La ruta directa —decir claramente qué quieres— es la que funciona mejor.

La transparencia genera confianza. Es la magia del espejo y la ventana, ¿no? La capacidad de verte y ver a tu interlocutor con más claridad. Cuando lo haces, también te expresas con más claridad. Y al hacerlo ofreces a tu contraparte la oportunidad para que te observe; así entenderá mejor tus propuestas y será más probable que tengan buenos resultados.

Mide el tiempo de tu negociación

¿Presentas la propuesta inmediatamente después de terminar con las preguntas? Parte de resolver si seguir adelante en una negociación incluye tener en cuenta varias cosas, por ejemplo cuánto tiempo les queda. Si se trata de una oportunidad excepcional y valiosa, entonces adelante: intenta pedir un descanso breve para organizar tus ideas.

Si se trata de una relación a largo plazo, como con un colega, cliente frecuente o pareja y el tiempo no es apremiante, basta con responder las preguntas y reunir la información correspondiente para una reunión. De hecho, es preferible tomarse el tiempo para digerirlo todo. Por ejemplo, agradécele a tu contraparte por reunirse y compartir sus inquietudes. Subraya lo mucho que lo valoras y di que ahora debes reflexionar. Agenda otra reunión y aprovecha la información que tienes para dar otro paso.

Cuando decidas si seguir o hacer una pausa, contempla si eres el tipo de persona que sintetiza rápido o si necesitas tiempo para reflexionar antes de tu próxima jugada; lo mismo con tu contraparte. He trabajado con jefes de los dos tipos, uno que siempre respondía "¡hagámoslo!" y otro que prefería esperar: "gracias por la información. Vamos a hacer un espacio para reunirnos la próxima semana". Saberlo de ti mismo y tu interlocutor les ayudará a decidir lo que más convenga.

También identifica señales de fatiga física o emocional, ¿cuánto ha durado su reunión?, ¿qué temas cubrieron?, ¿cómo reaccionó tu interlocutor a las preguntas y cómo se veía cuando terminaron?, ¿con energía?, ¿te preguntó si falta mucho o muestra señales de fatiga? Si está revisando su reloj o sus correos, puede ser señal de que el estrés de estar fuera de la oficina está pasando factura. Mejor agenda otra reunión, pues lo ideal es tener su atención total.

Identifica si te sientes agotado. Escuchar exige mucha concentración. Según la duración de su conversación y las emociones que surgieron, quizá necesites una pausa antes de seguir. A veces, las mediaciones con mis alumnos duran todo el día. En ese caso solemos organizar el día de modo que en la mañana hablamos del pasado y en la tarde del futuro, ¿y a medio día?, comemos. La pausa nos ayuda a todos a volvernos a concentrar y empezar a resolver problemas.

Si deciden continuar la reunión en otro momento, cierra de la siguiente forma: Primero, resume lo que avanzaron y la información que intercambiaron. Agradece a tu interlocutor por su tiempo, energía y apertura. Si cualquiera de los dos prometió trabajar en algo —reunir información o documentos— para la siguiente reunión, inclúyelo en la síntesis.

Por dónde iniciar la conversación

Digamos que decidieron seguir adelante después de las preguntas. Tras formular las preguntas de la ventana y resumirlas, tu contraparte podría abrirse y preguntarte lo mismo. Por ejemplo, cuáles son tus necesidades. Si lo hace, estarás listo. Si no lo hace, puedes subrayar que te preparaste para la conversación, por lo que tus ideas y propuestas son informadas. Comparte las respuestas y aprovéchalas para estructurar tus propuestas.

Cuando presentes las tuyas tendrás mucha información para hacerlo mejor. Podrías, por ejemplo, identificar cómo coinciden sus necesidades (capítulo 2, "¿qué necesito?" y capítulo 7, "¿qué necesitas?") y con eso diseñar una solución que beneficie a ambos. También contrastar sus ideas sobre el futuro (capítulo 5 y 10, "¿cuál es el primer paso?") para encontrar la que satisfaga a ambos. Y si sabes cómo se siente (capítulo 8, "¿qué te preocupa?") entonces revisa tus emociones (capítulo 3, "¿cómo me siento?") para estructurar tu propuesta.

Si en la conversación surgieron varios temas, ¿cuál cubrir primero? Estas son algunas sugerencias:

PAN COMIDO. Si coinciden en ideas para primeros pasos, magnífico. Si coincidieron en algo más, resúmelo y proponlo. O si están muy cerca de llegar a un acuerdo sobre un tema, intenta reducir la brecha y generar impulso.

Cuando medio una negociación, me gusta dibujar esta tabla en mis apuntes:

INDIVIDUO 1	COINCIDENCIAS	INDIVIDUO 2
Definición del problema/objetivo		Definición del problema/objetivo
Necesidades/ visualizadas		Necesidades/ visualizadas
Emociones/ inquietudes		Emociones/ inquietudes
Éxitos previos		Éxitos previos
Primeros pasos		Primeros pasos

En el centro de la columna anoto lo que comparten. Si las dos partes coinciden en los primeros pasos, podemos empezar por ahí y tomar impulso.

NECESIDADES O EMOCIONES EN COMÚN. Si los dos comparten una necesidad, emoción o inquietud podrían empezar por ahí.

Qué buscar y subrayar: intereses, emociones o ideas que compartan sobre el problema, pero distintas opiniones sobre cómo resolverlo. Por ejemplo, a su jefa y a ustedes les preocupa que sus empleados se estén yendo con la competencia. Desde tu punto de vista, un paso para conservar a los empleados sería ofrecer más posibilidades de trabajo remoto, pero para tu jefa: "Sólo la remuneración será efectiva". Me resulta útil sintetizar la emoción o necesidad en común y las distintas alternativas para satisfacerla. Pueden generar más ideas (o preguntar a los empleados qué necesitan) y plantear su solución.

ASUNTOS A CORTO PLAZO. Si se trata de una negociación o relación continua, prueben un enfoque un par de semanas o meses y agenden una reunión para evaluar los resultados. Por ejemplo, si te quieres comunicar mejor con tu pareja sobre cuándo necesitan tiempo de descanso para ti (lejos de los niños), puede ser de gran ayuda intentar con un enfoque —un calendario, intercambiar responsabilidades o incluso una señal con la mano— y acordar cuándo reunirse de nuevo para hablar de cómo les fue. Si estás negociando con un nuevo distribuidor sobre el inventario o exhibición, lo mejor será un acuerdo a corto plazo y confiar en que la calidad de tu producto atraerá a los consumidores.

TEMAS RECURRENTES. Si surge una necesidad o emoción varias veces, es recomendable abordarla primero. Por ejemplo, si tu departamento duda entre contratar a un empleado o no, y tras el proceso de contratación ambas partes se sintieron ignoradas o excluidas, primero deberán formular preguntas sobre el proceso, antes de debatir si contratar o no al candidato. Si estás trabajando con un cliente en un proyecto ambicioso de diseño web y menciona en repetidas ocasiones la falta de comunicación de tu despacho, primero será útil hablar sobre comunicación en general y después de la comunicación particular del proyecto.

Solución de problemas

Como siempre, estas son mis recomendaciones para las dificultades que te encuentres mientras te preparas para concluir tu negociación.

¿Y si las preguntas abiertas no funcionan?

En ocasiones, la gente no está lista para sincerarse cuando se le plantea una pregunta abierta. En ese caso, procura conectar con tu interlocutor y encontrar otra manera de que se abra. Nunca olvidaré cuando llevé a mi alumna Nona a mediar un caso de ausentismo escolar en Nueva York entre una mujer y su hijo adolescente. La mujer estaba desesperada porque su hijo fuera a la escuela y él había faltado tanto que corría el riesgo de no graduarse. Nos sentamos para mediar. Mi alumna formuló varias preguntas abiertas al hijo, pero él respondía encogiéndose de hombros: ni media palabra.

Al fin, pidió a la mujer hablar con su hijo a solas. Luego ella recogió sus cosas inmediatamente y dijo: "Muy bien, ¡a ver si tú hablas con él! ¡A lo mejor a ti te dice algo!". Salió del salón y nos dejó a solas. Mi alumna volvió a plantear preguntas abiertas y nada.

Mi alumna tomó su silla y la volteó hacia él. Se acercó y le preguntó: Entonces estás aquí porque te obligaron, ¿no?". No fue una pregunta abierta, pero funcionó. Por fin levantó la vista y volvió a encogerse de hombros. Al menos tenía su atención. Continuó: "A mí también. Mi profesora (me señaló) dice que si no vengo todas las semanas, repruebo". Brillante jugada. El adolescente se relajó y empezó a hablar. Cuando las preguntas abiertas fallaron encontró cómo conectar con él y aprovechó para abrir la ventana. Si te encuentras con un obstáculo similar, evita las preguntas. Intenta conectar a nivel humano, genera confianza. Cuando los dos estén listos puedes retomar las preguntas.

"¿Por qué estás hablando así?"

Mi esposo y yo comenzamos a salir después de que aprendí a escuchar como proponemos en este libro, ¿pero qué hay de tus relaciones personales en las que el otro se percatará de que no estás hablando como siempre? Si reacciona ante tu nuevo estilo con: "¿qué te tomaste?" o con cara de incredulidad… ¡no importa! Mi consejo es: sé honesto. Cuéntale a tu ser querido qué haces, cómo te está ayudando y cómo les ayudará a ambos. Podrías responder: "sí, tienes toda la razón, no acostumbro a hablar así. He estado trabajando en comunicarme y escuchar mejor a la gente. De ahora en adelante, voy a intentar este enfoque". En el trabajo, podría ser algo así: "estoy estudiando negociación y aprendiendo a fomentar mejores conversaciones en el trabajo. Esta conversación es importante y quería abordarla de la mejor forma posible para los dos".

¿Y si no funciona, en absoluto?

¿Qué pasa si estás en una situación en la que estas preguntas no te pueden acercar a tu objetivo? Una vez tuve una alumna en mi clase de mediación que, cuando se acercaba el final del semestre, me escribió su experiencia semanal con una nota en la portada que decía: "Aquí está mi actividad semanal, lamento que sea tan personal". Hoy por hoy sé que significa: "Esta es la razón por la que tomé tu clase". En su diario hablaba de cómo era tener una madre con trastorno de personalidad narcisista. Se había inscrito a la clínica de mediación en parte porque quería aprender un recurso que le fuera útil en su carrera jurídica, pero en el fondo, quería sanar la relación con su madre. Me contó que las preguntas abiertas y aptitudes para sintetizar que había aprendido habían sido de enorme ayuda para tener más claras sus metas y mantener sus interacciones más seguras, pero que en última instancia, no había progresado con su madre, quien seguía moviendo la línea de meta cada que mi alumna identificaba una necesidad en común o proponía dar un paso. Sentía que su mamá seguía encontrando maneras de generar conflicto con ella. Preguntó si se me ocurría cómo mejorar la situación o si se estaba perdiendo de algo.

Con tacto, le dije que creía que estaba planteando la pregunta equivocada: tal vez no tenía control de la situación. Tal vez su madre necesitaba el conflicto y se resistía a resolverlo o transformarlo. Quizá la labor de mi alumna era utilizar las preguntas del espejo para identificar sus necesidades y límites, y articularlos para mantenerse segura.

En conclusión, estas preguntas presuponen ciertas condiciones. Asumen que la persona del otro lado de la mesa actúa de buena fe; que este interlocutor no tiene un trastorno de personalidad u otro motivo por el cual necesita que exista el conflicto. Incluso en una situación de ese tipo, estas preguntas rendirán frutos. Para empezar, aclararás qué significa el problema para ti: tus necesidades, emociones, éxitos previos e ideas para el futuro. Algunos de estos pasos están en tus manos y ya estás en el camino para lograrlos. También tendrás la satisfacción de saber que le diste una oportunidad a este conflicto. No lo sabes hasta que lo intentes. Y si lo intentas y no lo consigues por uno de los motivos que mencioné anteriormente, en cualquier caso, la información es útil. Porque ahora puedes trabajar para entender qué te espera y emprender un camino distinto que no involucra al otro. En el caso de mi alumna, aprovechó estas preguntas para articular sus necesidades y ponerle límites a su madre. No es la relación con la que soñaba, pero se siente más segura y tolerante con las cosas tal como son.

Para cerrar

Escribí este libro para brindarte técnicas que puedes usar para mejorar cualquier negociación o relación. Y al hacerlo, mejorar tu vida.

Sin lugar a dudas, estas preguntas mejoraron la mía. Cuando aprendí los recursos que leíste en este libro, descubrí que no sólo negociaba mejor (conmigo misma y con los demás), me sentía más feliz. Me sentía segura y más cercana a la gente en mi vida. Después utilicé estos recursos para encontrar mi vocación como profesora, mediadora y coach de negociación. Hoy, y todos los días, despierto con la certeza de que estoy haciendo lo que estaba destinada a hacer en este mundo. Mi objetivo al escribir este libro es ayudarte a hacer y sentir lo mismo. Me encanta ayudar a la gente a que alcance su máximo potencial y después comparta lo aprendido con los demás.

Mientras escribí este libro, te he relatado algunos de los mejores y peores momentos de mi vida. En muchos sentidos, escribir este libro ha sido como verme en el espejo durante un tiempo largo y tendido. Pero lo hice por un motivo: escribí este libro desde el espejo para que experimentaras la libertad de negociar desde el tuyo. Quiero que sepas que cuando salgas a pedir más, lo puedes hacer desde tu ser más auténtico y completo. Está bien y además tendrás más éxito cuando lo hagas.

Cuando la gente concluye una capacitación conmigo, incluso si duró un día, al final les digo que los considero mis colegas, ¿qué quiere decir?, que eres parte de una comunidad que intenta "hacer el bien" cuando negocia, incluso con sus objetivos en mente. Quiere decir que, de ahora en adelante, quiero que me consideres tu compañera profesional, que te mantengas en contacto y me cuentes qué has hecho con lo aprendido. Y quiere decir que espero que compartas lo que has aprendido con los demás. Cuando mantienes la curiosidad en tus negociaciones y relaciones personales, verás que tus interlocutores te empiezan a ver como modelo a seguir y harán lo mismo. En este sentido, los buenos negociadores se convierten en líderes: en casa, el trabajo y el mundo.

Pide más: 10 preguntas para negociar cualquier cosa

ALEXANDRA CARTER

EL ESPEJO	LA VENTANA
Mi definición del problema/objetivo *¿Qué problema quiero resolver?*	**Su definición del problema/objetivo** *Cuéntame más*
Mis necesidades/visualizadas *¿Qué necesito?*	**Sus necesidades/visualizadas** *¿Qué necesitas?*
Mis éxitos previos *¿Cómo lo he resuelto antes?*	**Sus éxitos previos** *¿Cómo lo has resuelto antes?*
Mis primeros pasos *¿Cuál es el primer paso?*	**Sus primeros pasos** *¿Cuál es el primer paso?*

AGRADECIMIENTOS

Escribir esta sección fue la más difícil de todas. Desde que soñé con este libro hasta que se publicó, me ha respaldado una enorme comunidad de familiares, amigos y colegas. Todo esto fue posible gracias a su apoyo. Los errores son sólo míos.

Mi agradecimiento más sincero a Carol Liebman, mi mentor, quien me enseñó a pescar con red, y a mis colegas en todo el país que se dedican a la resolución de conflictos.

A mi editora, Stephanie Frerich, quien en nuestra primera llamada me confesó que este era el libro de negociación que había esperado toda su carrera profesional. Eres la pareja intelectual que he estado esperando toda mi vida. Gracias a mi equipo de edición en Simon & Schuster: las editoras Kimberly Goldstein y Annie Craig, el director editorial Jonathan Karp y la editora Emily Simonson. A mi equipo de arte por ayudarme a materializar este libro en formato visual y audible: Lauren Pires, Jackie Seow y Tom Spain. Y a todo el equipo de Simon & Schuster que ha permitido que este libro empodere a lectores del mundo a pedir más: Kayley Hoffman, Alicia Brancato, Marie Florio y Fritha Saunders.

A mis agentes, Esther Newberg y Kristyn Benton, es un orgullo que me representen en nombre de ICM Partners, una agencia comprometida con la paridad de género en todos los niveles.

A Kristen J. Ferguson, mi graduada, amiga e inspiración total, por sostener el espejo y ayudarme a conceptualizar este proyecto. Si di luz a este libro, fuiste mi partera. Gracias por ser parte del mensaje.

A mis colegas de la Facultad de Derecho de Columbia, sobre todo a Dean Gillian Lester, Vice Dean Brett Dignam y a todos mis colegas del cuerpo clínico. Gracias a todo el equipo administrativo de la Facultad de Derecho de Columbia: Brenda Eberhart, Michelle Ellis, Elizabeth Gloder, Mirlande Mersier y Misty Swan. A quienes generosamente leyeron mi libro o me dieron ánimos o consejos, entre ellos, Elizabeth Emens, Michelle Greenberg-Kobrin, Avery Katz, Sarah Knuckey, Gillian Metzger, Colleen Shanahan, Susan Sturm, y Matthew Waxman. Gracias a mis mentores por creer en mí, Robert Ferguson y Louis Henkin. Desearía que estuvieran aquí para tener el libro en sus manos, pero sepan que yo los llevo en mi corazón. Mi colega mediador para toda la vida, Shawn Watts, por más motivos de los que podría capturar aquí.

Soy profesora de los mejores alumnos, gracias por sus ideas, correcciones y por creer siempre en este proyecto: Jennifer Q. Ange, David S. Blackman, Argemira Flórez Feng, Heidi L. Guzmán, Xinrui Alex Li, Lauren Matlock-Colangelo, Ayisha Christen McHugh, Cecilia Plaza, Esther Portyansky, Dana M. Quinn, Shinji Ryu y Nadia Yusuf. En particular, gracias a los "capitanes" de mi equipo: Baldemar Gonzalez, Idun Bresee Klakegg, Kate Joohyun Lee y Haley Ling, quienes me acompañaron desde el principio. Su experiencia, comentarios y cariño se reflejan en cada página de este libro.

A mi familia, por su apoyo y consejos. Sobre todo a los escritores de la familia, Bill Carter y Caela Carter por allanar el camino. *Pide más* es el más reciente libro de la biblioteca de la familia Carter. A mi madre, Vera Carter, por ser un modelo a seguir en el salón de clases y en la vida. A mi padre, Richard Carter, por enseñarme a tener valor y resiliencia. A mi segunda mama Nikki Carter, por su apoyo. Mis queridos hermanos, Rich y Brittany Carter, John y Katie Carter, Scott y Michelle Shepherd, y Henry Shepherd. A mis tíos y tías: Elizabeth Keating Carter, Catherine y Daniel O'Neill, Alex y Wendy Ricci y Dom Ricci. A mis maravillosos primos: Bridget, Christina, Dan, Danno, Jeannie, Mary Frances, y Sabrina por apoyarme con este y todos mis proyectos. A mis abuelos, que en paz descansen, Richard y Teresa Carter, Frances y Tiberio Ricci y Dick Regen. A mis maravillosos suegros: Tom y Regina Lembrich, Ellen Lembrich y Dan Adshead.

A los amigos cercanos que me han apoyado en este y todos mis proyectos, entre ellos: Dawn Behrmann, Paolo Bowyer, Jennifer Brick, Allison Ciechanover, Shoshana Eisenberg, Deborah Engel, Elyse Epstein, Ruth Hartman, Malia Rulon Herman, Meredith Katz, Reshma Ketkar, Lisa Landers, Marcia LeBeau, Marie McGehee, Laura Mummolo-Collins, Melanie Painvin, Dina Pressel, Rebecca Price y Meghan Siket.

Por las historias, retroalimentación, consejo, comentarios y apoyo siempre estaré en deuda con muchas más personas de las que puedo plasmar aquí, entre ellas Kristy Bryce, Kate Buchanan, Autumn Calabrese, Julie China, Lisa Courtney, el embajador Luis Gallegos, David Greenwald, Jamila Hall, Janet Stone Herman, Art Hinshaw, Kiley Holliday, Mila Jasey, Heather Kasdan, Bonnie Lau, Jodi Lipper, Shuva Mandal, Danielle y Celia Mann, Gabriel Matus, Ben McAdams, Julie Judd McAdams, Jamie Meier, Gray y Suzanne Sexton, Andra Shapiro, Ritu Sharma, Sherri Sparaga, George M. Soneff, Melody Tan, Mary Theroux, Anastasia Tsioulcas, Amy Walsh, Daniel Weitz, Elisha Wiesel, Hon. Mark L. Wolf y Mei Xu.

A mis colegas en las Naciones Unidas y Unitar, Nikhil Seth Secretario General Adjunto, al embajador Marco Suazo, Pelayo Alvarez, Jones Haertle, Julia Maciel, y a los cientos de diplomáticos que han asistido a nuestros cursos y contribuido con sus experiencias en este libro.

A mis amigos y colegas en todo el mundo por su apoyo. En Japón: al embajador Ricardo Allicock, al presidente Junko Hibiya de ICU, Michael Kawachi y familia, y al resto de mi familia en Japón. En Brasil: a mi colega mediadora, amiga y hermana brasileña, la profesora Lilia Maia de Morais Sales y su familia; al profesor Gustavo Feitosa; y a toda mi familia extendida en la Universidad de Fortaleza, incluido el difunto Dr. Jose Airton Vidal Queiroz y la Presidenta Fatima Veras.

A Mark Fortier y Melissa Connors, mis publicistas en Fortier Public Relations, Kenneth Gillett y el equipo de Target Marketing Digital, así como a Brandi Bernoskie, Elsa Isaac, Tara Lauren, Gregory Patterson y Rachel Zorel de 7 Layer Studio, por su ayuda para llevar este mensaje al mundo.

Cada palabra en este libro llega a ustedes gracias a los excepcionales café y carbohidratos de Liv Breads en Millburn, New Jersey, de mis amigas Elana and Yaniv Livneh.

Y a mi comunidad natal en Maplewood, Nueva Jersey, gracias por el amor que recibí, junto con mi familia, mientras este libro cobraba vida.

NOTAS

INTRODUCCIÓN

1. Carl Sagan, *Cosmos*. Random House, Nueva York, 1980, p. 193.
2. Leigh Thompson, *The Mind and Heart of the Negotiator*. Pearson/ Prentice Hall, Nueva Jersey, 2005, p. 77.
3. *Ibid.*
4. "Negotiation", *Macmillan Dictionary*, 2 de octubre de 2019, https:// www.macmillandictionary.com/us/dictionary/american/negotiation# targetText=formaldiscussionsinwhichpeople,contractnegotiations
5. "Negotiation", *Collins English Dictionary*, 2 de octubre, 2019, https:// www.collinsdictionary.com/us/dictionary/english/negotiation
6. Tasha Eurich, *Insight: The Surprising Truth About How Others See Us, How We See Ourselves, and Why the Answers Matter More Than We Think*. Random House, Nueva York, 2017, p. 99–101; Thompson, p. 77.
7. James E. Campbell, *Polarized: Making Sense of a Divided America* (2016), 31; John Sides y Daniel J. Hopkins, *Political Polarization in American Politics* (2015), p. 23.
8. Wendy L. Bedwell, Stephen M. Fiore y Eduardo Salas, "Developing the Future Workforce: An Approach for Integrating Interpersonal Skills into the MBA Classroom", *Academy of Management Learning and Communication* 13, no. 2 (2013), p. 172.

PRIMERA PARTE: EL ESPEJO

9. Tasha Eurich, *Insight: The Surprising Truth About How Others See Us, How We See Ourselves, and Why the Answers Matter More Than We Think*. Random House, Nueva York, 2017, p. 154.

10. *Ibid*, p. 8.

11. *Ibid*.

12. *Ibid*.

13. *Ibid*.

14. *Ibid*, p. 11-13.

15. *Ibid*, p. 101.

16. *Ibid*, 98-102.

17. Karen Zraick y David Scull, "Las Vegas, Puerto Rico, Tom Petty: Your Tuesday Evening Briefing", *The New York Times*, 3 de octubre de 2017, https://www.nytimes.com/2017/10/03/briefing/las-vegas-donald-trump-puerto-rico-tom-petty.html

18. Eurich, 100.

19. "Study Focuses on Strategies for Achieving Goals, Resolutions", Dominican University of California, 2 de octubre de 2019, https://www.dominican.edu/dominicannews/study-highlights-strategies-for-achieving-goals

20. Mark Murphy, "Neuroscience Explains Why You Need to Write Down Your Goals if You Actually Want to Achieve Them", *Forbes*, 15 de abril de, 2018, https://www.forbes.com/sites/markmurphy/2018/04/15/neuroscience-explainswhy-you-need-to-write-down-your-goals-if-you-actually-wantto-achieve-them/#40a5f44e7905

Uno: ¿qué problema quiero resolver?

21. Erika Andersen, "Start the New Year Like Albert Einstein", *Forbes*, 20 de diciembre de 2011, https://www.forbes.com/sites/erikaandersen/2011/12/30/start-the-new-year-like-albert-einstein/?sh=3b4be45b3e12

22. Fred Vogelstein, "The Untold Story: How the iPhone Blew Up the Wireless Industry", *Wired*, 9 de enero de 2008, https://www.wired.com/2008/01/ff-iphone/

23. Mic Wright, "The Original iPhone Announcement Annotated: Steve Jobs' Genius Meets Genius", *TNW*, 9 de septiembre de 2015, https://thenextweb.com/apple/2015/09/09/genius-annotated-with-genius/

24. *Ibid.*

25. *Ibid.*

26. *Ibid.*

27. Vogelstein, "The Untold Story: How the iPhone Blew Up the Wireless Industry".

28. *Ibid.*

29. *Ibid.*

30. *Ibid.*

31. *Ibid.*

32. Peter Cohan, "How Steve Jobs got ATT to Share Revenue", *Forbes*, 16 de Agosto de 2013, https://www.forbes.com/sites/petercohan/2013/08/16/how-steve-jobs-got-att-to-share-revenue/?sh=66948c08391c

33. "5 Years Later: A Look Back at the Rise of the iPhone", *Comscore*, 29 de junio de 2012, https://www.comscore.com/Insights/Blog/5-Years-Later-A-Look-Back-at-the-Rise-of-the-iPhone

34. Kevin Ashton, "How to Fly a Horse: The Secret of Steve", 2 de octubre de 2019, http://howtoflyahorse.com/the-secret-of-steve

35. "The Problem", Attendance Works, 2 de octubre de 2019, https://www.attendanceworks.org/chronicabsence/the-problem/

36. *Ibid.*

37. *Ibid.*

38. Emily S. Rueb, "Schools Find a New Way to Combat Student Absences: Washing Machines", *The New York Times*, 13 de marzo de 2019, https://www.nytimes.com/2019/03/13/us/schools-laundry-rooms.html

39. Ashton, "How to Fly a Horse: The Secret of Steve".

40. John Kennedy, "Darrell Mann: 98pc of Innovation Projects Fail, How to Be the 2pc that Don't", *Silicon Republic*, 23 de febrero de 2013,

https://www.siliconrepublic.com/innovation/darrell-mann-98pc-of-innovation-projects-fail-how-to-be-the-2pc-that-dont

41. Erik van Mechelen, "Substituting a Hard Question for an Easier One: Daniel Kahneman's Thinking, Fast and Slow", Yukaichou (blog), 2 de octubre de 2019, https://yukaichou.com/behavioral-analysis/substituting-hard-question-easier-one-daniel-kahnemans-thinking-fast-thinking-slow/

42. Michael Cooper, "Defining Problems: The Most Important Business Skill You've Never Been Taught", *Entrepreneur*, 26 de septiembre de 2014, https://www.entrepreneur.com/article/237668

43. *Ibid.*

44. Andrea Kupfer Schneider, "Aspirations in Negotiations", *Marquette Law Review 87*, no. 4 (2004), p. 675.

Dos: ¿qué necesito?

45. Sheiresa Ngo, "The Real Difference Between Needs and Wants Most People Ignore", *Cheatsheet*, 6 de noviembre de 2017, https://www.cheatsheet.com/money-career/real-difference-between-needs-and-wants-people-ignore.html/

46. Sidney Siegel y Lawrence E. Fouraker, *Bargaining and Group Decision Making*. McGraw-Hill, Nueva York, 1960, p. 64.

47. G. Richard Shell, *Bargaining for Advantage: Negotiation Strategies for Reasonable People*. Viking, Nueva York, 1999, p. 30–34.

48. Andrea Kupfer Schneider, "Aspirations in Negotiations", *Marquette Law Review 87*, no. 4 (2004), p. 676.

49. *Ibid.*, 34.

50. Abraham H. Maslow, "A Theory of Human Motivation", *Psychological Review 50*, no. 4 (1943), p. 394–395.

51. Edith M. Lederer, "UN: Conflict Key Cause of 124 Million Hungry Who Could Die", *AP News*, 23 de marzo de 2018, https://www.apnews.com/c37f7a8da9cc4eaebf3fe7c48711aa37

52. *Ibid.*

53. *Ibid.*

54. *Ibid.*

55. Annie McKee, *How to Be Happy at Work: The Power of Purpose, Hope, and Friendship*. Harvard Business Review Press, Boston, 2018, p. 13.

56. "Respect", *Merriam-Webster*, 16 de octubre de 2019, https://www.merriam-webster.com/dictionary/respect

57. John Mordechai Gottman y Nan Silver, *The Seven Principles for Making Marriage Work*. Random House, Nueva York, 1999, pp. 29–31, 65–66.

58. *Ibid.*

59. Robert Cialdini, "The Six Principles of Successful Workplace Negotiation", *Controlled Environments*, 4 de septiembre de 2015.

60. *Ibid*; Jeswald Salacuse, "The Importance of a Relationship in Negotiation", Program on Negotiation, Harvard Law School, 18 de junio de 2019, https://www.pon.harvard.edu/daily/negotiation-training-daily/negotiate-relationships/

61. Bert R. Brown, "Saving Face", *Psychology Today 4*, no. 12 (Mayo 1971), p. 56–57.

62. "Dignity", Merriam-Webster, 16 de octubre de, 2019, https://www.merriam-webster.com/dictionary/dignity

63. Jonathan M. Mann, "Dignity, Well-Being and Quality of Life", *Longevity and Quality of Life: Opportunities and Challenges*, ed. Robert N Butler y Claude Jasmin. Kluwer Academic, Nueva York, 2000, p. 149.

64. Roger Fisher y Daniel Shapiro, *Beyond Reason: Using Emotions as You Negotiate*. Viking Penguin, Nueva York, 2005, p. 211.

65. *Ibid*; Sue Grossman, "Offering Children Choices: Encouraging Autonomy and Learning While Minimizing Conflicts", *Early Childhood News*, 16 de octubre de 2019, www.earlychildhoodnews.com/early childhood/article_view.aspx?ArticleID=607

66. Evelyn J. Hinz, *The Mirror and the Garden: Realism and Reality in the Writings of Anaïs Nin* (1973), p. 40.

Tres: ¿qué siento?

67. Jim Camp, "Decisions are Largely Emotional, Not Logical: The Neuroscience Behind Decision-Making", *Big Think*, 11 de junio de 2012, https://bigthink.com/experts-corner/decisions-are-emotional-not-logical-the-neuroscience-behind-decision-making

68. Antonio Damasio, *Descartes' Error: Emotion, Reason, and the Human Brain*. G.P. Putnam, Nueva York, 1994, pp. 38-39, 50, 63.

69. Jonah Lehrer, "Feeling Our Way to Decision", *Sydney Morning Herald*, 28 de febrero de 2009, https://www.smh.com.au/national/feeling-our-way-to-decision-20090227-8k8v.html

70. Barbara L. Friedrickson, "What Good are Positive Emotions?", *Review of General Psychology 2*, no. 3 (1998), 300.

71. Christopher Bergland, "How Does Anxiety Short Circuit the Decision-Making Process?", *Psychology Today*, 17 de marzo de 2016, https://www.psychologytoday.com/us/blog/the-athletes-way/201603/how-does-anxiety-short-circuit-the-decision-making-process

72. Jessica J. Flynn, Tom Hollenstein y Allison Mackey, "The Effect of Suppressing and Not Accepting Emotions on Depressive Symptoms: Is Suppression Different for Men and Women?", *Personality and Individual Differences* 49, no. 6 (2010), 582.

73. Brené Brown, "List of Core Emotions", marzo de 2018, https://brenebrown.com/wp-content/uploads/2018/03/List-of-Core-Emotions-2018.pdf

74. "Let us never negotiate out of fear": John F. Kennedy, "Inaugural Address", CNN, 20 de enero de 1961, http://www.cnn.com/2011/POLITICS/01/20/kennedy.inaugural/index.html

75. Barbara Fredrickson, "Are you Getting Enough Positivity in Your Diet?", *Greater Good Magazine*, 21 de junio de 2011, https://greatergood.berkeley.edu/article/item/are_you_getting_enough_positivity_in_your_diet

76. Meina Liu, "The Intrapersonal and Interpersonal Effects of Anger on Negotiation Strategies: A Cross-Cultural Investigation", *Human Communication Research* 35, no. 1 (2009), 148–69; Bo Shao, Lu Wang,

David Cheng y Lorna Doucet, "Anger Suppression in Negotiations: The Roles of Attentional Focus and Anger Source", *Journal of Business & Psychology* 30, no. 4 (diciembre 2015), 755.

77. Program on Negotiation Staff, "Negotiation Strategies: Emotional Expression at the Bargaining Table", *Harvard Law School Program on Negotiation: Daily Blog*, 6 de junio de 2019, https://www.pon.harvard.edu/daily/negotiation-skills-daily/emotional-expression-in-negotiation/

78. Jeff Falk-Rice, "In Negotiations, A Little Anger May Help", *Futurity*, 15 de marzo de 2018, https://www.futurity.org/anger-in-negotiations-emotions-1704482/

79. Keith G. Allred, John S. Mallozzi, Fusako Matsui y Christopher P. Raia, "The Influence of Anger and Compassion on Negotiation Performance", *Organizational Behavior and Human Decision Processes* 70, no. 3 (junio 1997), 177.

80. Mithu Storoni, "It Pays to Get Angry In a Negotiation—If You Do It Right", *Inc.*, 11 de mayo de 2017, https://www.inc.com/mithu-storoni/it-pays-to-get-angry-in-a-negotiation-if-you-do-it-right.html

81. Alison Wood Brooks y Maurice E. Schweitzer, "Can Nervous Nelly Negotiate? How Anxiety Causes Negotiators to Make Low First Offers, Exit Early, and Earn Less Profit", *Organizational Behavior and Human Decision Processes* 115, no. 1 (mayo 2011), 51.

Cuatro: ¿cómo le he resuelto otras veces?

82. Joris Lammers, David Dubois, Derek D. Rucker y Adam D. Galinsky, "Power Gets the Job: Priming Power Improves Interview Outcomes", *Journal of Experimental Social Psychology* 49, no. 4 (julio 2013), 778.

83. *Ibid.*

84. Kimberlyn Leary, Julianna Pillemer y Michael Wheeler, "Negotiating with Emotion", *Harvard Business Review*, enero–febrero 2013, 96, 99, https://hbr.org/2013/01/negotiating-with-emotion

85. Theresa Amabile y Steven Kramer, *The Progress Principle: Using Small Wins to Ignite Joy, Engagement, and Creativity at Work*. Harvard Business Review Press, Boston, 2011, p. 69.

86. Leary *et al.*, "Negotiating with Emotion".

Cinco: ¿cuál es el primer paso?

87. Mei Xu, "Chesapeake Bay Candle: Mei Xu", entrevista de Guy Raz, *How I Built This*, NPR, 6 de marzo de 2017, Audio, 10:16, https://www.npr.org/2017/03/06/518132220/chesapeake-bay-candle-mei-xu

88. "Chesapeake Bay Candle", Newell Brands, 10 de octubre de 2019, https://www.newellbrands.com/ourbrands/chesapeake-bay-candle

89. Brad McRae, *Negotiating and Influencing Skills: The Art of Creating and Claiming Value*. SAGE Publications, California, 1998, p. 19.

90. *Ibid.*

91. *Ibid.*

92. *Ibid.*

93. *Ibid.*

94. *Ibid.*

95. *Ibid.*

96. *Ibid.*

97. *Ibid.*

98. *Ibid.*

99. *Ibid.*

100. *Ibid.*

101. Ayse Birsel, "Your Worst Idea Might Be Your Best Idea", *Inc.*, 16 de febrero de 2017, https://www.inc.com/ayse-birsel/your-worst-idea-might-be-your-best-idea.html

102. *Ibid.*

103. John Geraci, "Embracing Bad Ideas to Get to Good Ideas", *Harvard Business Review*, 27 de diciembre de 2016, https://hbr.org/2016/12/embracing-bad-ideas-to-get-to-good-ideas

104. "Reverse Thinking: Turning the Problem Upside Down", Post-it, 3M, 6 de octubre 2019, https://www.post-it.com/3M/en_US/post-it/ideas/articles/reverse-thinking/

SEGUNDA PARTE: LA VENTANA

105. Ernest Hemingway, "Quotes". Goodreads, 6 de octubre de 2019, https://www.goodreads.com/quotes/1094622-when-people-talk-listen-completely-don-tbe-thinking-what-you-re
106. *Ibid.*
107. Will Tumonis, "How Reactive Devaluation Distorts Our Judgment". *Ideation Wiz*, 17 de diciembre de 2014, https://tumonispost.com/2014/12/17/reactive-devaluation/
108. Ralph G. Nichols y Leonard A. Stevens, "Listening to People". *Harvard Business Review*, septiembre de 1957, https://hbr.org/1957/09/listening-to-people
109. Leigh Thompson, *The Mind and Heart of the Negotiator*. Pearson/Prentice Hall, Upper Saddle River, Nueva Jersey, 2005, p. 77.
110. Michael Suk-Young Chwe, *Jane Austen, Game Theorist: Updated Edition*. Princeton University Press, Princeton, Nueva Jersey, 2013, p. 188.
111. Sharon Myers, "Empathic Listening: Reports on the Experience of Being Heard". *Journal of Humanistic Psychology* 40, no. 2 (2000): 171.
112. Stephen R. Covey, *The 7 Habits of Highly Effective People: Powerful Lessons in Personal Change*. Simon & Schuster, New York, 1989, pp. 239–40.
113. Allan y Barbara Pease, "The Definitive Book of Body Language". *The New York Times*, 24 de septiembre de 2006, https://www.nytimes.com/2006/09/24/books/chapters/0924-1st-peas.html; Albert Mehrabian: *Silent Messages: Implicit Communication of Emotions and Attitudes*. Wadsworth Publishing Co., Belmont, California, 1981.
114. Chwe, *Jane Austen, Game Theorist: Updated Edition*, p. 17.
115. *Ibid.*

116. Carol Kinsey Goman, "How to Read Business Body Language Like a Pro-5th Tip". *Forbes*, 28 de diciembre de 2012, https://www.forbes.com/sites/carolkinseygoman/2012/12/28/how-to-read-business-body-language-like-a-pro-5th-tip/?sh=745cb69563b5

Seis: cuéntame...

117. Libby Coleman, "There's a Reason He's the Highest-Ranking Dem in Utah". *Ozy*, 20 de febrero de 2017, https://www.ozy.com/politicsand-power/theres-a-reason-hes-the-highest-ranking-dem-inutah/75784

118. Lee Davidson, "It's Over. Democrat Ben McAdams Ousts Republican Rep. Mia Love by 694 Votes". *Salt Lake Tribune*, 21 de noviembre de 2018, https://www.sltrib.com/news/politics/2018/11/20/its-over-democrat-ben/

119. Coleman, "There's a Reason He's the Highest-Ranking Dem in Utah".

120. *Ibid.*

121. Jared Page, "Ben McAdams Quiets Critics with Willingness to Listen, Compromise". *Deseret News*, 12 de agosto de 2012, https://www.deseret.com/2012/8/12/20505580/ben-mcadams-quiets-critics-with-willingness-to-listen-compromise#ben-mcadams-left-greets-mayor-russ-wall-of-taylorsville-as-republicans-for-ben-mcadams-hold-a-press-conference-on-a-median-in-the-road-in-murray-wednesday-july-25-2012

122. Jesse McKinley y Kirk Johnson, "Mormons Tipped Scale in Ban on Gay Marriage". *The New York Times*, 14 de noviembre de 2008, https://www.nytimes.com/2008/11/15/us/politics/15marriage.html

123. Page, "Ben McAdams Quiets Critics with Willingness to Listen, Compromise".

124. Page; "Buttars Shames LDS Church". Deseret News, 30 de enero de 2006, https://www.deseret.com/2006/1/30/19935132/buttars-shames-lds-church

125. *Ibid.*

126. *Ibid.*

127. *Ibid*

128. *Ibid.*

129. *Ibid.*

130. *Ibid.*

131. Alison Wood Brooks y Leslie K. John, "The Surprising Power of Questions", *Harvard Business Review*, Mayo-junio 2018, 60, 64, https://hbr.org/2018/05/the-surprising-power-of-questions

132. Douglas Stone, Bruce Patton y Sheila Heen, Difficult Conversations. Penguin Books, Nueva York, 2010, pp. 16–20.

133. "Assemblywoman Mila Jasey Named Deputy Speaker of General Assembly", *The Village Green*, 22 de septiembre de 2016, https://village greennj.com/towns/assemblywoman-mila-jasey-named-deputy-speaker-general-assembly/

134. "NJSBA Applauds End of Unnecessary Superintendent Salary CAP", New Jersey School Boards Association, 20 de julio de 2019, https://www.njsba.org/news-publications/press-releases/njsba-applauds-end-of-unnecessary-superintendent-salary-cap/

135. Joe Hernandez, "N.J. Considers Eliminating Cap on Superintendent Pay", *Whyy*, 10 de junio de 2019, https://whyy.org/articles/n-j-considers-eliminating-cap-on-superintendent-pay/

136. Jolie Kerr, "How to Talk to People, According to Terry Gross", *The New York Times*, 17 de noviembre de 2018, https://www.nytimes.com/2018/11/17/style/self-care/terry-gross-conversation-advice.html

137. *Ibid.*

Siete: ¿Qué necesitas?

138. Charles Vincent, Magi Young y Angela Phillips, "Why Do People Sue Doctors? A Study of Patients And Relatives Taking Legal Action", *The Lancet 343*, no. 8913 (June 1994), pp. 1611–13.

139. Katie Shonk, "Principled Negotiation: Focus on Interests to Create Value", Program on Negotiation, Harvard Law School, 1 de febrero de 2021, https://www.pon.harvard.edu/daily/negotiation-skills-daily/principled-negotiation-focus-interests-create-value/; Douglas

Stone, Bruce Patton y Sheila Heen, *Difficult Conversations*. Penguin Books, 2010, pp. 210–216.

140. "Interviewing Skill Development and Practice", Georgia Division of Family and Children Services, 10 de marzo de 2007, https://dfcs.georgia.gov/sites/dfcs.georgia.gov/files/imported/DHR-DFCS/DHR_DFCS-Edu/Files/PG_intermediate%20interviewing_rev03-07.pdf

Ocho: ¿Qué te preocupa?

141. Caroline Cenzia-Levine, "Stuck in a Negotiation? Five Steps to Take when You Hear No to Your Request", *Forbes*, 12 de agosto de 2018, https://www.forbes.com/sites/carolinecenizalevine/2018/08/12/stuck-in-a-negotiation-five-steps-to-take-when-you-hear-no-to-your-request/?sh=4417d6c4737c

142. PON Staff, "Negotiating Skills: Learn How to Build Trust at the Negotiation Table", Program on Negotiation, Harvard Law School, 22 de marzo de 2021, https://www.pon.harvard.edu/daily/dealmaking-daily/dealmaking-negotiations-how-to-build-trust-at-the-bargaining-table/; Ilana Zohar, "The Art of Negotiation: Leadership Skills Required for Negotiation in Time of Crisis", *Procedia-Social and Behavioral Sciences* 209 (julio 2015), p. 542.

143. Alison Wood Brooks, "Emotion and the Art of Negotiation", *Harvard Business Review*, diciembre de 2015, https://hbr.org/2015/12/emotion-and-the-art-of-negotiation

Nueve: ¿Cómo lo has resuelto otras veces?

144. Paul E. Smaldino y Peter J. Richerson, "The Origins of Options", *Frontiers in Neuroscience*, 11 de abril de 2012, https://www.frontiersin.org/articles/10.3389/fnins.2012.00050/full

145. *Ibid.*

146. Joris Lammers, David Dubois, Derek D. Rucker y Adam D. Galinsky, "Power Gets the Job: Priming Power Improves Interview Out-

comes", *Journal of Experimental Social Psychology* 49, no. 4 (2013): 778.

147. *Ibid.*

148. Smaldino y Richerson, "The Origins of Options".

149. Lammers, Dubois, Rucker y Galinsky, "Power Gets the Job: Priming Power Improves Interview Outcomes", *Journal of Experimental Social Psychology* 49, no. 4 (2013): 778.

150. "Business School Professor Explores the Effects of Power", Columbia News, 28 de junio de 2013, https://news.columbia.edu/news/business-school-professor-explores-effects-power

151. *Ibid.*

152. Pamela K. Smith y Yaacov Trope, "You Focus on the Forest When You're in Charge of the Trees: Power Priming and Abstract Information Processing", *Journal of Personality and Social Psychology* 90, no. 4 (2006), p- 580 ("inflarse de poder debería funcionar del mismo modo que experimentarlo. Como cualquier otro concepto, el poder está vinculado en la memoria con una serie de características y tendencias conductuales".)

153. Alain P.C.I. Hong y Per J. van der Wijst, "Women in Negotiation: Effects of Gender and Power on Negotiation Behavior", *Negotiation and Conflict Management Research, International Association for Conflict Management* 6, no. 4 (2013), p. 281.

154. PON Staff, "Power in Negotiation: The Impact on Negotiators and the Negotiation Process", Program on Negotiation, Harvard Law School, 11 de enero de 2021, https://www.pon.harvard.edu/daily/negotiation-skills-daily/how-power-affects-negotiators/

Diez: ¿Cuál es el primer paso?

155. Meghan Tribe, "Fried Frank Keeps Up Growth, Doubling Partner Profits over Five-Year Span", *The American Lawyer*, 21 de marzo de 2019, https://www.law.com/americanlawyer/2019/03/21/fried-frank-keeps-up-growth-doubling-partner-profits-over-five-year-span/

156. Leigh McMullan Abramson, "Top Goldman Lawyer Helped Turn Around a Struggling Law Firm", *Big Law Business*, 15 de julio de 2016, https://news.bloomberglaw.com/business-and-practice/top-goldman-lawyer-helped-turn-around-a-struggling-law-firm

157. "The Responsibility Factor, AKA the Partner-Associate Ratio", Chambers Associate, 10 de octubre de 2019, https://www.chambers-associate.com/law-firms/partner-associate-leverage

158. "Surveys & Rankings", *The American Lawyer*, 10 de octubre de 2019, https://www.law.com/americanlawyer/rankings/

159. ALM Staff, "Which Firms Keep Midlevel Associates Happiest? The 2019 National Rankings", *The American Lawyer*, 26 de Agosto de 2019, https://www.law.com/americanlawyer/2019/08/26/where-are-midlevel-associates-happiest-the-2019-national-rankings/

160. *Ibid.*

161. "The 2013 Associate Survey: National Rankings", *The American Lawyer*, 1 de septiembre de 2013, https://www.law.com/americanlawyer/almID/1202614824184/

162. Sam Reisman, "Turnover High At Many Firms Despite Greater Pay, Benefits", *Law360*, 18 de octubre de 2017, https://www.law360.com/articles/975882/turnover-high-at-many-firms-despite-greater-pay-benefits

163. Dearbail Jordan, "How to Revive a Law Firm", *The Lawyer*, 5 de diciembre de 2016, https://www.friedfrank.com/files/PressHighlights/TL%20-%20Feature%20Fried%20Frank%20-%20reprint.pdf

164. *Ibid.*

165. "The Best Places to Work", *The American Lawyer*, 24 de agosto de 2015, https://www.law.com/americanlawyer/almID/1202735469012/

166. *Ibid.*

167. MP McQueen, "Survey: Midlevel Associates are Happier Than Ever", *The American Lawyer*, 1 de septiembre de 2016, https://www.law.com/americanlawyer/almID/1202765213979/Survey-Midlevel-Associates-Are-Happier-Than-Ever/

168. Tribe, "Fried Frank Keeps Up Growth, Doubling Partner Profits over Five-Year Span".

169. *Ibid.*

170. Robert Cialdini, "The Six Principles of Successful Workplace Negotiation", *Controlled Environments*, 4 de septiembre de 2015.

171. Annie McKee, "The 3 Things You Need to Be Happy at Work", 5 de septiembre de 2017, http://www.anniemckee.com/3-things-need-happy-work/

172. Carol S. Dweck, *Mindset: The New Psychology of Success*. Random House, Nueva York, 2006, p. 7.

173. Corinne Purtill, "Exactly How Many Bad Ideas Does It Take to Produce a Good One? One Scientist Tried to Find Out", *Quartz*, 30 de Agosto de 2017, https://qz.com/1062945/thevalue-of-bad-ideas-according-to-a-scientist/

174. *Ibid.*

175. *Ibid.*

176. *Ibid.*

177. *Ibid.*

178. *Ibid.*

179. *Ibid.*

180. Kelly B. Haskard Zolnierek y M. Robin DiMatteo, "Physician Communication and Patient Adherence to Treatment: A Meta-Analysis", *Medical Care* 47, no. 8 (agosto de 2009), pp. 826–834.

181. Dhruv Khullar, "Teaching Doctors the Art of Negotiation", *The New York Times*, 23 de enero de 2014, https://well.blogs.nytimes.com/2014/01/23/teaching-doctors-the-art-of-negotiation/

182. *Ibid.*

183. *Ibid.*

184. "Strategy 6I: Shared Decisionmaking", Agency for Healthcare Research and Quality, octubre de 2017, https://www.ahrq.gov/cahps/quality-improvement/improvement-guide/6-strategies-for-improving/communication/strategy6i-shared-decisionmaking.html#ref8

185. Zolnierek y DiMatteo; National Business Coalition on Health, "NBCH Action Brief: Shared Decision Making", Patient-Centered Primary Care Coalition, julio de 2012, https://www.pcpcc.org/sites/default/files/resources/NBCH_AB_DECISIONMAKING_C.pdf

186. *Ibid*; Elizabeth C. Devine y Thomas D. Cook, "A Meta-Analytic Analysis of Effects of Psychoeducational Interventions on Length of Postsurgical Hospital Stay", *Nursing Research* 32, no. 5 (1983): 267.

187. Brian Fung, "The $289 Billion Cost of Medication Noncompliance, and What to Do About It", *The Atlantic*, 11 de septiembre de 2012, https://www.theatlantic.com/health/archive/2012/09/the-289-billion-cost-of-medication-noncompliance-and-what-to-doabout-it/262222/

188. Floyd J. Fowler Jr., Carrie A. Levin y Karen R. Sepucha, "Informing and Involving Patients to Improve the Quality of Medical Decisions," *Health Affairs* 30, no. 4 (2011): 699–700.

189. Annie McKee, How to Be Happy at Work: *The Power of Purpose, Hope, and Friendship*. Harvard Business Review Press, Boston, 2018, p. 9.

190. Bhali Gill, "Empathy is Crucial to Any Personal or Professional Relationship—Here's How to Cultivate It", *Forbes*, 17 de noviembre de 2017, https://www.forbes.com/sites/bhaligill/2017/11/17/empathy-is-crucial-to-any-personal-or-professional-relationship-heres-how-to-cultivate-it/?sh=9c1e5d879612; Masoumeh Tehrani-Javan, Sara Pashang y Maryam Mashayekh, "Investigating the Empathy Relationship and Interpersonal Relationships Quality Among Senior Managers", *Journal of Psychology & Behavioral Studies* 4, no. 1 (2016), p. 17.

191. Sharing Mayo Clinic, "After Back Surgery, Jamie Ruden's on the Court Again and Looking to Help Others", Mayo Clinic, 31 de julio de 2019, https://sharing.mayoclinic.org/2019/07/31/after-back-surgery-jamie-rudens-on-the-court-again-and-looking-to-help-others/

192. *Ibid.*

193. *Ibid.*

194. *Ibid.*

195. *Ibid.*

196. *Ibid.*

197. *Ibid.*

198. *Ibid.*

199. *Ibid.*
200. *Ibid.*
201. *Ibid.*
202. *Ibid.*
203. *Ibid.*
204. Alex Faickney Osborn, *Principles and Procedures of Creative Writing.* Scribner, Nueva York, 1957, pp. 228–229.
205. Donald W. Taylor, Paul C. Berry y Clifford H. Block, "Does Group Participation When Using Brainstorming Facilitate or Inhibit Creative Thinking?". *Administrative Science Quarterly 3*, no. 1 (junio de 1958), pp. 43.
206. Marvin D. Dunnette, John Campbell y Kay Jaastad, "The Effect of Group Participation on Brainstorming Effectiveness for 2 Industrial Samples". *Journal of Applied Psychology 47*, no. 1 (1963), pp. 36–37.

Conquístalo: concluye la negociación

207. Andrea Kupfer Schneider, "Aspirations in Negotiations", *Marquette Law Review 87*, no. 4 (2004), p. 676.
208. G. Richard Shell, *Bargaining for Advantage: Negotiation Strategies for Reasonable People.* Viking, Nueva York, 1999, pp. 30–34.
209. Roger Fisher, William Ury y Bruce Patton, *Getting to Yes: Negotiating Agreement Without Giving In.* Houghton Mifflin, Nueva York, 1991, p. 88.
210. Daniel Kahneman, Jack L. Knetsch y Richard H. Thaler, "Experimental Tests of the Endowment Effect and the Coase Theorem", *Journal of Political Economy 98*, no. 6 (diciembre de 1990), 1328.

ÍNDICE ANALÍTICO

Esta obra se imprimió y encuadernó
en el mes de agosto de 2021,
en los talleres de Impregráfica Digital, S.A. de C.V.,
Av. Coyoacán 100–D, Col. Del Valle Norte,
C.P. 03103, Benito Juárez, Ciudad de México